Adolf Wuttig

Friedrich Wilhelm Raiffeisen und die nach ihm genannten ländlichen Darlehnskassen-Vereine

Ein Werk- und Mahnruf an alle, die unser Volk lieb haben

Adolf Wuttig

Friedrich Wilhelm Raiffeisen und die nach ihm genannten ländlichen Darlehnskassen-Vereine
Ein Werk- und Mahnruf an alle, die unser Volk lieb haben

ISBN/EAN: 9783743424531

Hergestellt in Europa, USA, Kanada, Australien, Japan

Cover: Foto ©Suzi / pixelio.de

Manufactured and distributed by brebook publishing software (www.brebook.com)

Adolf Wuttig

Friedrich Wilhelm Raiffeisen und die nach ihm genannten ländlichen Darlehnskassen-Vereine

Friedrich Wilhelm Raiffeisen

und die nach ihm genannten

ländlichen Darlehnskassen-Vereine.

Ein Weck- und Mahnruf
an alle, die unser Volk lieb haben,

von

Adolf Wuttig,

Kirchenrath und Superintendent in Auma, S.-Weimar,
Mitglied des General-Anwaltschaftsrathes und des Aufsichtsrathes der Landwirthschaftlichen Central-Darlehnskasse für Deutschland zu Neuwied a. Rh.

Dritte bedeutend vermehrte Auflage.

Neuwied am Rhein 1895.
Druck und Verlag der Firma Raiffeisen u. Conj.

Vorwort zur ersten Auflage.

In das Programm des im September 1888 zu Kassel abgehaltenen 25. Congresses für innere Mission hatten wir zur Verhandlung in einer Specialconferenz das Thema gestellt: „Die Bekämpfung des Wuchers mit Hülfe der christlichen Gemeindethätigkeit" und um Uebernahme des Referates Herrn Pfarrer Wuttig in Frankenheim ersucht, der auf diesem Gebiete vorzugsweise kundig und bewährt ist. Auf langjährige, umfassende Erfahrungen gestützt, stellte er in seinem Referate die Hülfe in den Vordergrund, welche der vom Wucher bedrohten ländlichen Bevölkerung für ihr wirthschaftliches wie für ihr sittliches Wohl durch die Raiffeisenschen Darlehnskassen geboten wird.*) In Anerkennung der hohen Bedeutung des Gegenstandes beschloß die Conferenz, an uns das Ersuchen zu richten, wir möchten vom Referenten die Ausarbeitung einer kurzen, gemeinverständlichen Schrift über die Raiffeisenschen Darlehnskassen nach den in seinem Vortrag gegebenen Gesichtspunkten erbitten. Das ist von uns geschehen, und wir sprechen Herrn Pfarrer Wuttig für die Bereitwilligkeit, mit der er unsere Bitte erfüllt hat, auch an dieser Stelle unsern herzlichsten Dank aus. Leider ist durch die auf ihm ruhenden Berufspflichten, unter denen die als Verbandsanwalt von ihm übernommenen nicht die geringsten sind, der Abschluß der Schrift verzögert, aber sie kommt noch zeitig genug, um dem diesjährigen Nürnberger Congreß von uns dargeboten zu werden. Möchte sie weithin zu heilsamer Anregung dienen!

Berlin, August 1890.

Der Central-Ausschuß für innere Mission.

D. Weiß.

---

*) Vgl. die Verhandlungen des Kasseler Congresses (Kassel, Verlag von Ernst Röttger, 1888, p. 134 ff.)

Vorwort zur zweiten Auflage.

Daß nach kaum Jahresfrist eine zweite Auflage dieser Schrift nöthig geworden ist, ist eine neue Bestätigung des von ihr behandelten, auf der ländlichen Bevölkerung weiter Gebiete lastenden Nothstandes, aber zugleich ein erfreuliches Zeugniß für die auch in kirchlichen Kreisen erwachte Bereitschaft, ihm auf den von Raiffeisen eröffneten Wegen abzuhelfen. Wir werden nichts unterlassen, um die Verbreitung der Schrift, wie es bisher mit erfreulichem Erfolge geschehen ist, in allen uns zugänglichen Kreisen auch fernerhin zu befördern. Dem Herrn Verfasser aber, der sich mit freundlicher Bereitwilligkeit der sorgfältigen Revision der ersten Auflage unterzogen hat, wiederholen wir hiermit den ihm gebührenden Dank und sprechen zugleich die angelegentliche Bitte aus, daß diejenigen, welche durch diese Schrift eine praktische Anregung empfangen, die von ihnen gemachten Erfahrungen uns gütigst mittheilen wollen, damit wir im Stande sind, sie für weitere Kreise zu verwerthen. Unserer gewissenhaften Diskretion dürfen sie gewiß sein.

Berlin, Oktober 1891.

Der Central-Ausschuß für innere Mission.
D. Weiß.

Vorwort zur dritten Auflage.

Die vorliegende Broschüre, welche zum ersten Male in dem Verlage der dem Dienste der Neuwieder Raiffeisenschen Organisation gewidmeten Firma Raiffeisen u. Cons. erscheint, hat sich eine derartige Beliebtheit bei allen, „welche unser Volk lieb haben" erworben, daß in kurzer Zeit eine dritte Auflage nöthig geworden. Der Verfasser, ein hervorragendes Mitglied des Neuwieder Generalanwaltschaftsrathes und des Aufsichtsrathes der Landwirthschaftlichen Central-Darlehnskasse für Deutschland, sowie ein gründlicher Kenner des Raiffeisenschen Darlehnskassenwesens, hat es in vorzüglicher Weise verstanden, die Gedanken Vater Raiffeisens, namentlich auch die ethisch-christliche Seite seines herrlichen Werkes, in Worte zu kleiden.

Möge denn das Werkchen weitere Freunde zu den alten sich erwerben, möge es aber namentlich dazu dienen, recht viele warmfühlende Herzen zu gewinnen, um durch sie für die nothleidende Bevölkerung einen Halt- und einen Zufluchtsort durch Gründung von Darlehnskassenvereinen bilden zu helfen. Der Verfasser würde hierin den schönsten Lohn für die mit vieler Liebe und großem Verständniß geschriebene Broschüre erblicken können.

Neuwied, im Juni 1895.

Die General-Anwaltschaft.

In den trüben Tagen, als durch ganz Deutschland die Trauerglocken um den Heimgang des unvergeßlichen Kaisers Wilhelm des Siegreichen ertönten, entschlief zu Neuwied am Rhein am 11. März 1888 ein Mann, der zwar kein Großer war im Reiche der Politik, der Kunst und Wissenschaft, doch Großes gewollt und geleistet hat zum Heile unsres deutschen Volkes: Friedrich Wilhelm Raiffeisen. Er war geboren am 30. März 1818 zu Hamm an der Sieg als der Sohn eines wackeren Landbürgermeisters. Von dem treuen evangelischen Pfarrer seines Ortes vorgebildet, trat er erst 17 Jahre alt als Offizier-Aspirant bei der Festungs-Artillerie in Köln ein, erlangte schnell die Stellung eines Oberfeuerwerkers und war als solcher längere Zeit der Königlichen Geschützgießerei in Sayn zugetheilt. Jedoch ein früh sich entwickelndes schweres Augenleiden, das später seine fast völlige Erblindung herbeiführen sollte, nöthigte ihn zum größten Bedauern seiner Vorgesetzten, die seinen eisernen Fleiß, seine Tüchtigkeit im Berufe und seinen edlen Charakter wohl zu würdigen wußten, aus dieser vor allem ein scharfes Auge erfordernden Laufbahn zu scheiden und dem Verwaltungsdienste sich zuzuwenden. Nachdem ihn, den kaum 25 jährigen, durch keine höheren Schulen gegangenen jungen Mann, die Königliche Regierung zu Coblenz schon 1843 zum Kreissekretär im Kreise Mayen ernannt hatte, übertrug ihm das Vertrauen seiner vorgesetzten Behörde 1845 die umfangreiche Bürgermeisterei Weyerbusch im armen Westerwalde mit 25 und 1848 die zu Flammersfeld mit 33 Ortschaften. In dieser wichtigen amtlichen Stellung war es, wo er in den Hungerjahren 1846/47 die Noth der unter der wucherischen Ausbeutung jüdischer Viehhändler und Güterschlächter seufzenden armen Bauern und Tagelöhner seines Bezirks aus eigener Anschauung kennen lernte und mit dem ganzen Feuereifer eines von heiliger Liebe zu seinem Volke brennenden Herzens daran ging,

Abhülfe für diese schreienden Nothstände auf dem Wege der genossenschaftlichen Selbsthülfe zu schaffen.*)

So gründete er 1849, gänzlich unabhängig von den fast zu gleicher Zeit im nordöstlichen Deutschland sich bildenden Schulzeschen städtischen Vorschußkassen, ja ohne eine Ahnung von dieser verwandten, für städtische Kreise so wichtigen Bewegung, den ersten ländlichen Darlehnskassen-Verein.**)

Aber wie alles wirklich Gute, so ist auch dieses sociale Werk, das den Keim künftiger Größe in sich trug, anfangs nur senfkornartig und langsam gewachsen. Jahre lang blieb die von ihm gestiftete Kasse die einzige ihrer Art. Doch dank ihrem inneren Werthe und der unermüdlichen Thatkraft ihres Schöpfers hat diese nach ihm den Namen tragende genossenschaftliche Bewegung von Jahr zu Jahr weitere Kreise gezogen. Zuerst nur in der engeren Heimath Raiffeisens verbreitet, sind seine Darlehnskassen-Vereine

---

*) Interessant ist die Mittheilung v. Treitschke's im 4. Bande seiner "Deutschen Geschichte im neunzehnten Jahrhundert" Seite 608, daß der bekannte Techniker und Chemiker Gall schon in den dreißiger Jahren ausführlich den Plan entwickelt hat, "die Macht des Großkapitals durch die Assoziation des kleinen zu bekämpfen." Seine Worte verhallten zunächst ungehört, einer späteren Zeit war eine Verwirklichung seiner Ideen, wenn auch auf anderen Wegen vorbehalten.

**) Dr. Löll, königlich bayrischer Oekonomierath, entnimmt in seiner packenden, höchst empfehlenswerthen Schrift: Die bäuerlichen Darlehnskassen-Vereine nach Raiffeisen und die gewerblichen Credit-Vereine nach Schulze-Delitzsch, Würzburg 1889, 2. Auflage, einem von keiner Seite noch widerlegten Artikel des Fabrikannten E. Hessel in Berlin, eines Augen- und Ohrenzeugen der Berliner Bewegung der vierziger Jahre, folgende bemerkenswerthe Notizen über die Entstehung der Schulzeschen Vorschußkassen: "Jetzt entstanden Genossenschafts-Krankenkassen und ähnliche Vereine, welche eben von denjenigen Handwerkern ins Leben gerufen wurden, die von den kommunistischen Ideen angeheimelt waren. Der Goldarbeiter Biski, welcher im amerikanischen Sezessionskriege als nordamerikanischer Hauptmann fiel, war die Seele aller dieser Vereinigungen. Er ist der eigentliche Gründer unsres deutschen Genossenschaftswesens. (NB. Hessel kennt Raiffeisen und Raiffeisen Biski nicht. D. Verf.) Schulze-Delitzsch, der 1848 und 49 in Berlin weilte, besuchte als stummer Zuhörer alle diese Versammlungen, und seine späteren Einrichtungen in Delitzsch waren vollständig die Kopie Biski's." — Es soll mit diesen Mittheilungen das große Verdienst Schulzes, das er sich unleugbar um die weitere großartige Organisation der nach ihm benannten Kassen erworben hat, keineswegs geschmälert, sondern nur den weitverbreiteten Wahne entgegengetreten werden, als sei das deutsche Genossenschaftswesen lediglich eine Originalschöpfung Schulzes, und Raiffeisen nichts anderes als ein Nachtreter und Nachahmer der genossenschaftlichen Ideen gewesen, welche Schulze als sein ausschließliches geistiges Eigenthum zu beanspruchen habe. Nein, es sind zwei in ihren Grundlagen wie in ihren Zielen wesentlich verschiedene Systeme, welche, von einander ganz unabhängig, auf Grund der anders gearteten städtischen und ländlichen Verhältnisse und Bedürfnisse sich herausgebildet haben.

immer mehr, zumal in den letzten Jahrzehnten, an Zahl und Be=
deutung gewachsen und zu einer wirklichen Macht im wirthschaft=
lichen und sittlichen Leben unsres Landvolkes geworden. Das Ge=
heimniß der Erfolge Raiffeisens aber liegt zumeist darin, daß er,
der, was er gewesen, aus eigner Kraft geworden ist, doch immer
neue Kraft schöpfte aus dem nie versiegenden Quell lebendigen
Glaubens und inniger Heilands= und Nächstenliebe. Denn was einst
Ludwig Uhland im Jahre der Geburt Raiffeisens so heiß ersehnte:
„ein Herz für unser armes deutsches Volk", das schlug wie kaum
in einer anderen, in Raiffeisens Brust. Mit dieser Liebe zum Volke
verband er einen klaren, nüchternen Blick für die praktischen Auf=
gaben des Lebens und eine außerordentliche Geschäftsgewandtheit.
Als er 1852 nach Heddesdorf bei Neuwied als Bürgermeister ver=
setzt wurde, geschah dies mit der von der Königlichen Regierung
ausdrücklich gestellten Bedingung, daß er die in Flammersfeld be=
gonnene sogenannte Rheinstraße, eine der schönsten Kunststraßen der
Rheinprovinz, von seinem neuen Wohnorte aus vollende. Ueber=
haupt zeichnete er sich im Baufache in hervorragender Weise aus,
leitete stets selbständig den Bau aller öffentlichen Anstalten in seinem
Bezirke und setzte es auch nach seinem Scheiden aus dem Amte
durch seine unermüdliche Thätigkeit durch, daß die rechtsrheinische
Bahn gebaut wurde. Groß waren auch seine mathematischen Kennt=
nisse; seine Uebung im Kopfrechnen war derart, daß er noch bis
ins höchste Alter schwierige arithmetische Aufgaben in wenigen Augen=
blicken löste. Das Andenken an seine segensreiche Verwaltung,
deren Spuren man noch heute überall in den ihm untergeben ge=
wesenen Bezirken begegnet, wird in den Herzen aller fortleben.
Als er mit bewundernswerther Aufopferung sich eines Dorfes seines
Bezirks, das schwer vom Typhus heimgesucht war, annahm, wurde
er selbst von der tückischen Krankheit ergriffen. Die Folge war ein
nervöses Kopfleiden, das ihn zuletzt nöthigte, um seinen Abschied
einzukommen. Derselbe wurde ihm in der ehrenvollsten Weise be=
willigt. Nun aber wendete er die ganze ihm gebliebene Kraft aus=
schließlich dem ländlichen Genossenschaftswesen zu und erwarb sich
als Gründer, Anwalt, Berather und Leiter seiner damals schon
nach Hunderten zählenden Vereine um ihre innere Ausgestaltung
und äußere Wirksamkeit die größten Verdienste. Außer den Dar=
lehnskassen=Vereinen schuf er, um ihre Thätigkeit immer erfolgreicher

zu gestalten, in ganz naturgemäßer Entwickelung die Landwirth=
schaftliche Central=Darlehnskasse, den General An=
waltschaftsverband mit seinen nach Provinzen gegliederten
zahlreichen Unterverbänden und endlich eine dem Wohle des Ganzen
dienende Handelsfirma „Raiffeisen und Consorten". Diese
Firma bezweckt nicht etwa persönlichen Vortheil, sondern ist, wie
später noch näher dargelegt wird, durch den Betrieb verschiedener
Geschäftszweige lediglich dazu bestimmt, die bedeutenden Kosten der
General=Anwaltschaft decken, sowie überhaupt die ganze großartige
Organisation der Raiffeisen=Vereine fördern zu helfen, eine Ein=
richtung, welche ihr Seitenstück in der mit ihren gesammten Er=
trägen der Heidenbekehrung dienenden Handelsgesellschaft der Herrn=
huter und der Baseler Mission hat.

Alle diese staunenswerthe langjährige Thätigkeit aber erschöpfte
nicht die scheinbar schwache Kraft des schon auf der Schwelle des
Greisenalters stehenden Mannes, sondern schien sie nur immer neu
zu verjüngen. Was Aug. Herm. Franke in goldenen Lettern
an den Giebel seines Waisenhauses schrieb: „Die auf den Herrn
harren, kriegen neue Kraft, daß sie auffahren mit Flügeln wie
Adler, daß sie laufen und nicht matt werden, daß sie wandeln und
nicht müde werden" (Jes. 40, 31), hat sich an ihm in wunderbarer
Weise erfüllt und nicht minder Franke's Bitte für seinen Lebens=
abend: „alternd nicht kalt zu werden." Aber so wenig Vater Raiff=
eisen auch nach äußeren Ehren geizte, so ist ihm doch die Aner=
kennung aller wahren Volksfreunde, an ihrer Spitze Kaiser Wilhelm I.,
nicht versagt geblieben. So empfing er am 22. August 1882 aus
der Königlichen Kanzlei folgendes höchst ehrenvolle Schreiben:

„Seine Majestät, dem durch den Fürsten zu Wied und die
unterzeichneten Minister über die segensreiche Wirksamkeit der
Darlehnskassen=Vereine ausführlichen Bericht erstattet worden ist,
haben zu befehlen geruht, daß bei dieser Gelegenheit die Verdienste
des Gründers und Anwalts der Darlehnskassen=Vereine, des Bürger=
meisters Raiffeisen, in allerhöchst Ihrem Auftrage Anerkennung finden
sollen. Indem wir diesem höchsten Befehle hiermit nachkommen,
sprechen wir dem Bürgermeister Raiffeisen für sein selbstloses und
gemeinnütziges Wirken zur Hebung der landwirthschaftlichen Ver=
hältnisse und speciell der Creditnoth der landwirthschaftlichen Be=
völkerung die wärmste Anerkennung mit dem Wunsche aus, daß es

den Bemühungen des Urhebers dieser Bewegung, unterstützt von einer vorsichtigen und gewissenhaften Verwaltung der einzelnen Vereine, gelingen möge, diese Einrichtungen immer weiter auszubreiten und zu immer besseren Resultaten zu führen. In diesen Bestrebungen werden die Vereine stets jede zulässige Unterstützung seitens der Staatsregierung genießen." Diese so ehrenvolle Anerkennung aber war begleitet von einem Allerhöchsten Gnadengeschenke von 30000 Mark für die Landwirthschaftliche Central=Darlehnskasse.

Auch Kaiser Wilhelm II. zollt dem großen Werke Raiffeisens verständnißvolle Theilnahme, wenn es in einem Erlasse an die Landwirthschaftliche Central=Darlehnskasse zu Neuwied von Ende März 1892 wörtlich heißt: „Seine Majestät der Kaiser hat, laut der seitens der Herren Minister für Landwirthschaft ꝛc., sowie der Finanzen der Direktion der in Neuwied domizilirten Landwirthschaftlichen Central=Darlehnskasse für Deutschland zugegangenen Benachrichtigung, diesem Institute in Anerkennung der segensreichen Bestrebungen des Neuwieder Anwaltschaftsverbandes der Raiffeisenschen Darlehnskassen und der rühmlichen gemeinnützigen Thätigkeit Sr. Durchlaucht des Fürsten zu Wied ein außerordentliches Gnadengeschenk in Höhe von 20000 Mark zu bewilligen geruht."

Mitten aus seiner gesegneten Arbeit heraus hat Gott den edlen Mann abgerufen. Noch in seiner letzten kurzen Krankheit war sein Sinnen und Denken seinen lieben Vereinen zugewendet; mit großartiger Energie zwang er auch da noch den müden Leib zum Dienste der großen Sache. Nachdem er am letzten Morgen seines Lebens in längerem inbrünstigen Gebet seine Seele dem Herrn befohlen, ging er fast ohne Todeskampf ein zum ewigen Frieden. Seine letzten Worte waren das Gebet des Herrn; das Bild des Heilandes in der Dornenkrone, das seit Jahrzehnten über seinem Bette hing, schaute tröstend auch auf den Sterbenden nieder.

Der unmittelbar vor seinem 70. Geburtstage erfolgte Heimgang des theuren Mannes war wie für die ihm aufs innigste verbundenen Glieder seiner Familie, so für die unzähligen Freunde des Entschlafenen ein schwerer Schlag, ein kaum zu ersetzender Verlust. Freudig hatten sie sich schon gerüstet, den Siebzigjährigen durch allerlei festliche Veranstaltungen zu ehren. Nun konnten sie, nachdem man den Todten unter ungeheurer Betheiligung von nah und

fern zur Gruft bestattet, nur noch sein Grab mit einem würdigen
Denkmal und das Geschäftszimmer der General-Anwaltschaft, von
dem durch die rastlose treue Arbeit des Entschlafenen so reicher
Segen ausgegangen, mit seiner wohlgetroffenen Marmorbüste
schmücken. Am Tage nach seinem Tode war Se. Durchlaucht der
Fürst zu Wied der erste, welcher dem Verblichenen den letzten
Besuch abstattete. Tief erschüttert beklagte er, in ihm einen lang=
jährigen treuen Freund verloren zu haben, und bedauerte es schmerz=
lich, seinem Begräbnisse nicht persönlich beiwohnen zu können, da
die Pflicht ihn nach Berlin zu dem Leichenbegängnisse unsres ge=
liebten Kaisers Wilhelm I. rief.

Als ein lebendiger Christ, der seinem Heiland in den geringsten
seiner Brüder zu dienen nicht müde ward; als ein tapferer Streiter,
der bei allen noch so gehässigen Angriffen seiner Gegner in seiner
Vertheidigung nie über die Grenzen des christlich Erlaubten hinaus=
ging und doch mit fester Hand und scharfer Klinge die gute Sache
verfocht; als ein wahrer Volksfreund, der, unbeirrt vom Beifall
der Menge, in stiller Treue für das wahre Wohl des Volkes seine
ganze Kraft einsetzte; als ein demüthiger Knecht Gottes, der jedes
Lob seiner Verdienste weit von sich abwies mit den oft ausge=
sprochenen Worten: „Das habe nicht ich, das hat Gott gethan" —
so wird er im Gedächtnisse der dankbaren Mit= und Nachwelt
fortleben.

„Friede sei um diesen Grabstein her!
Sanfter Friede Gottes! Ach, sie haben
Einen guten Mann begraben,
Und uns — war er mehr."

Doch die Vereine sind durch den Tod ihres Vaters nicht ver=
waist und führerlos geworden. Anderthalb Jahre nach dem Tode
Raiffeisens führte Theodor Cremer, der langjährige vertraute
Freund und hervorragendste Mitarbeiter am Genossenschaftswerke
des Verewigten, mit bestem Erfolge die immer umfangreicher sich
gestaltenden Geschäfte der General-Anwaltschaft, der Landwirth=
schaftlichen Central-Darlehnskasse und der Firma Raiffeisen u. Cons.
In Rücksicht jedoch auf den ein Programm bedeutenden Namen
des Gründers und zugleich auf seinen damals der Schonung be=
dürftigen Gesundheitszustand trat er 1889 selbstverleugnend zu
Gunsten des einzigen Sohnes Raiffeisens die Leitung der General=
Anwaltschaft an diesen ab, während er selbst sich auf die Führung

der Central-Darlehnskasse und der Firma Raiffeisen u. Conf. be=
schränkte. Nach wenigen Jahren aber wurde Cremer durch das
Vertrauen der maßgebenden Persönlichkeiten einstimmig zur einheit=
lichen Oberleitung des ganzen großen Werkes zurückberufen.
Manche Erfahrungen hatten gelehrt, daß eine Trennung dieser
wichtigen, vielfach sich berührenden Aemter auf die Dauer un=
thunlich sei. Völlig in den Fußstapfen des heimgegangenen Schöpfers
der Organisation einhergehend, hat Cremer von Jahr zu Jahr reichere
Erfolge erzielt. Zur Zeit sind es mehr denn 2800 ländliche Ge=
nossenschaften mit etwa 220 000 Mitgliedern, welche die großen Ziele
Raiffeisens zu verwirklichen suchen; unter ihnen allein über 1600,
welche dem General-Anwaltschaftsverbande zu Neuwied ausdrücklich
sich angeschlossen haben. In welch gewaltigen Progressionen aber,
trotz aller Anfeindungen von gegnerischer Seite, die Raiffeisenbe=
wegung wächst, ergibt sich aus der einfachen Thatsache, daß im
Jahre 1894 270, ja allein in den ersten 7 Wochen des Jahres
1895 nicht weniger als 100 Vereine neu gegründet und der Central=
stelle Neuwied angeschlossen worden sind. —

Was wollen nun diese Kassen und Vereine, die nach Raiffeisen
sich nennen? Welchen Verhältnissen verdanken sie ihre
Entstehung? Welche sind ihre **Grundlagen, ihre Ziele, ihre
Einrichtungen, ihre Erfolge?**

Eine schwere Krankheit des Volkskörpers.

Haben wir bisher in Fr. W. Raiffeisen den erfahrenen Arzt
kennen und gewiß auch lieben gelernt, der sich's zur Lebensaufgabe
machte, soweit seine Kraft reichte, an der Heilung des an so schweren
Schäden Leibes und der Seele kranken deutschen Volkes mitzu=
arbeiten, so gilt es nunmehr, entschlossen die Sonde in die tiefen
Wunden einzuführen, welche uns überall am Leibe unseres Volkes
entgegenklaffen, um die richtige Diagnose zu stellen und sodann das
passendste Heilmittel ausfindig zu machen.

Die deutsche Landwirthschaft befindet sich gegen=
wärtig in einer äußerst bedrängten Lage. Die im Ver=
hältnisse zu den inländischen Produktionskosten, auf einen zur Zeit
geradezu lächerlich niedrigen Stand gesunkenen Getreidepreise, — auch
die neuen Handelsverträge haben in dieser Richtung sehr verhängnißvoll
gewirkt —, die dem Landwirthe jetzt ganz besonders schwere Opfer auf=

erlegende neue Arbeiterschutzgesetzgebung, die sich erschreckend mehrende Verschuldung des ländlichen Grundbesitzes*), die auf dem Lande mehr und mehr sich steigernde Schwierigkeit, selbst bei hohen Löhnen tüchtige Dienstboten und Tagelöhner zu gewinnen**), das stete Abströmen der ärmeren Landbevölkerung nach den Mittelpunkten des Handels und der Industrie mit deren reicherem Verdienste und vor allem deren reicheren Genüssen, die Entvölkerung des flachen Landes, besonders im Osten, durch die Auswanderung und die sogenannte Sachsen- oder Hollandsgängerei vieler Tausende von arbeitskräftigen Männern und Frauen, die mit den geringeren Erträgen erschreckend zunehmende Entwerthung des Grundes und Bodens, welche sich für jeden sichtbar in dem alljährlichen erheblichen Rückgange der Pacht- und Kaufgelder großer und kleiner Güter äußert, nicht zum wenigsten aber das wucherische Spiel an den großen Börsen mit allen wichtigeren Erzeugnissen der Landwirthschaft und der ins Fabelhaft gehende meist schwindelhafte Termin- und Ultimohandel mit gar nicht vorhandenen Waarenvorräthen, die Zusammenballung ungeheurer Kapitalien und damit Machtmittel in den Händen einiger weniger Geldfürsten oder Maklerbanken, die, wiederum unter sich solidarisch zu sogenannten Ringen für alle möglichen Zwecke verbunden, den ganzen Weltmarkt beherrschen und oft in schreiendem Gegensatze zu den Verhältnissen die Tagespreise diktiren***): dies alles und vieles andere, dessen hier nicht gedacht werden kann, hat allmählich Zustände erzeugt, welche für diesen wichtigsten aller Stände zu den ernstesten Besorgnissen nur zu begründeten Anlaß geben. †)

---

*) In Preußen wurden 1886—88 nur für 1432 Mill. Mk. Löschungen von Hypotheken bewirkt, während für 1775 Mill. Mk. neue Hypotheken eingetragen wurden, so daß die Hypothekenschulden dort in diesem Zeitraume um nicht weniger als 343 Mill. gestiegen sind.

**) Nach den Berechnungen eines älteren Landwirths stellt sich das Verhältniß der Knechtelöhne zu den Getreidepreisen in den letzten 40 Jahren so:
1855 der Hektoliter Roggen 24 Mk. 75 Pfg., Jahreslohn für 1 Knecht 70 Mk.
1865 „ „ „ 13 „ 50 „ „ „ „ 1 „ 100 „
1875 „ „ „ 15 „ — „ „ „ „ 1 „ 180 „
1885 „ „ „ 12 „ — „ „ „ „ 1 „ 255 „
1890 „ „ „ 14 „ 50 „ „ „ „ 1 „ 350 „
1895 „ „ „ 8 „ 10 „ „ „ „ 1 „ 360 „

***) Man vergegenwärtige sich nur z. B. die Preistreibereien und sonstigen Manipulationen der Weltfirmen in Getreide, Sobernheim u. Co., Ritter und Blumenfeld, Heymann in Berlin, während der letzten Jahre.

†) Bei der bis zur äußersten Grenze vorgeschrittenen Zerstückelung und meistens Ueberschuldung des ländlichen Grundbesitzes in ganz Süd- und West Deutschland

Zudem wird der genaue Kenner des Landvolks und seiner Verhältnisse es bestätigen müssen, daß selbst der mittlere und größere Gutsbesitzer und Pächter, geschweige der kleine Bauer, weil sie alle ihre Haupteinnahmen nur einmal im Jahre, nämlich nach der Ernte haben, oft viele Monate lang aufs empfindlichste an Geldmangel leiden. Diese Geldnoth übt auf ihre ganze Wirthschaftsführung häufig einen überaus nachtheiligen Einfluß deshalb aus, weil selbst dringend nothwendige Verbesserungen und Anschaffungen zum größten Schaden unterlassen, dagegen Vieh, Getreide und andere landwirthschaftliche Erzeugnisse oft zu den ungünstigsten Zeiten und Bedingungen, nur um baares Geld in die Hand zu bekommen, geradezu verschleudert werden müssen. Dieser Uebelstand aber wirkt um so verhängnißvoller, als heutzutage zu einem wirklich vortheilhaften Betriebe der Landwirthschaft weit größere Baarmittel nöthig sind als ehedem. Denn auch der kleinere Bauer ist gezwungen, wenn er bestehen will, jetzt mehr und mehr von der Natural- zu der Kapitalwirthschaft, von dem sogen. extensiven zum intensiven Landbau überzugehen. Diesen durch unvorhergesehene Unglücksfälle häufig noch verschärften Geldmangel aber weiß — trotz des Wuchergesetzes vom 24. Mai 1880 — der **offene oder verschleierte Wucher,** heiße er nun Geld-, Land-, Vieh- oder Waarenwucher, aufs schlaueste auszunutzen. Er drängt sich auch in wohlhabenden Gegenden fast unwiderstehlich selbst den großen Grundbesitzern und Pächtern, den Rübenproduzenten und Branntweinbrennern, sofern ihnen nicht bedeutende Baarmittel zur Verfügung stehen, behufs der Befriedigung der laufenden Bedürfnisse an Saatgut, Kraftfuttermitteln, künstlichem Dünger, Zuchtthieren u. s. w. zur Entnahme von Vorschüssen auf die künftige Ernte auf. In verhältnißmäßig noch viel höherem Maße aber beutet er natürlich die kleinen, viel weniger widerstandsfähigen Landwirthe, Weinbauer, Tabaks- und Hopfenpflanzer aus, so daß diesen von dem ohnehin oft geringen Ertrage ihrer Ernten kaum ein kümmerlicher Rest bleibt. Auf dem von etwa 1000 Genossen aus allen Theilen Deutschlands besuchten Vereinstage der ländlichen Genossenschaften in Köln am 9. Juli 1890

---

ist es kaum zu verwundern, daß, wie z. B. eine 1883 in Baden angestellte offizielle Enquete nachweist, da dort 44% des Grundbesitzes, sofern die Arbeitsleistung des Besitzers oder Pächters entsprechend berechnet wird, keine Rente, 19% 1 Prozent, 16% 1—2 Prozent, 14% 2—3 Prozent und nur 7 vom Hundert 4 und mehr Prozent Rente abwerfen.

zeichnete Pfarrer Kelber, Verbandsanwalt der mittelfränkischen Darlehnskassen=Vereine, in seinem trefflichen Vortrage ein wahrhaft erschütterndes Bild der schändlichen Aussaugung der armen Hopfen= und Weinbauern Süddeutschlands durch wucherische Zwischenhändler. Auf Grund genauer persönlicher Erfahrung wies er nach, wie gerade in den letzten Jahren die fast durchweg in Wucherschlingen gerathenen kleinen Hopfenbauern beste Waare im Drange der Noth zu wahren Spottpreisen, die kaum die Pflücker= und Leserlöhne deckten, haben verschleudern müssen, während die reichen Händler mühelos 100, 200, ja 500 pCt. **und mehr Gewinn** erzielten. Das Gleiche berichtete am 8. Juli 1891 auf dem Vereinstage in Erfurt Graf Villers, Abtheilungsdirektor für Winzereiwesen, von den armen Winzern am Rhein und an der Mosel, denen gegenüber der Wein= großhandel, nachdem er sie schlauer Weise zur Aufgabe des eigenen Kelterns und demzufolge zur Veräußerung ihrer werthvollen Kellerei= geräthschaften durch zuerst günstigen Verkauf der Trauben gebracht, jetzt nicht mehr frage: „Was wollt ihr für eure Trauben?" sondern einfach dekretire: „**So und so viel bekommt ihr für eure Waare!**"

Hört man aber weiter die lauten Klagen der Landwirthe über die Zustände, wie sie zur Zeit auf fast allen Vieh= und Getreide= märkten Deutschlands herrschen, wo ohne die meist jüdischen Händler ein Geschäft überhaupt nicht zu machen ist, weil diese, unter einander im voraus einig, die Preise bestimmen und den furcht= barsten Druck auf dieselben ausüben, so tritt auch darin die traurige Abhängigkeit des Bauernstandes zu Tage. Das schönste Vieh, das beste Getreide muß entweder unverkauft wieder heimgebracht oder weit unter dem Werthe veräußert werden, wenn nicht die stets gut zu bezahlende Vermittelung jener Händler in Anspruch genommen wird.

Und welche schmachvollen Verhältnisse treten noch immer in weiten Gebieten Deutschlands hinsichtlich der sogenannten Güter= schlächterei zu Tage! Hat ein Wucherer einen armen Bauers= mann allmählich bis zur Blutleere ausgesaugt und kommt das Gericht ins Dorf zur Zwangsversteigerung, so ist er es wieder, der den überschuldeten Grundbesitz billig ersteht, weil sonst niemand im Orte so viel Geld in Kürze beschaffen kann und nach dem Ge= setze nur gegen baar verkauft werden darf. Hat aber kaum die

Gerichtsdeputation dem Dorfe den Rücken gekehrt, so legt der Wucherer das eben Erstandene in einzelnen Parzellen aufs Meistgebot auf längere Fristen wieder auf und weiß es durch schlaue Ueberredung und insbesondere durch Erhitzung der Köpfe mit freigebig gespendeten geistigen Getränken dahin zu bringen, daß er in wenig Stunden Hunderte, ja Tausende gewinnt und zugleich eine ganze Anzahl von Familien neu ins Garn lockt. Aus den späteren Darlegungen wird sich ergeben, wie gerade die Darlehnskassen die Mittel darbieten, die gerichtlichen Zwangsversteigerungen, welche den Nationalwohlstand alljährlich um ungeheure Summen schädigen, in sehr vielen Fällen zu verhindern oder, wo dies nicht mehr angeht, wenigstens in ihren verderblichen Folgen erheblich abzuschwächen.

Auch mit Hülfe des sogenannten Einstellviehs wird von Seiten der Viehhändler ein überaus häufiger schnöder Mißbrauch mit dem Leichtsinn, der Beschränktheit und vor allem der Noth des armen Gebirgsbauern getrieben, der vom Gesetze nur sehr schwer verfolgt werden kann. Unter allerlei lockenden Vorspiegelungen bringt der Händler dem Bäuerlein ein Stück Jungvieh zu hohem Preise, der natürlich nicht baar gezahlt werden soll, mit der kaum glaublichen Verpflichtung für letzteren auf, dasselbe auf sein alleiniges Risiko bis zum Wiederverkaufe unentgeltlich in Fütterung und Pflege zu nehmen. Ist dann nach einigen Jahren das Thier zu einem werthvollen Stücke herangewachsen, so setzt der Verkäufer den jetzigen Werth, natürlich möglichst niedrig, fest und theilt sich mit dem Bauern in die Differenz zwischen dem ersten und dem jetzigen Kaufpreise. So geschieht es fast regelmäßig, daß der Händler bei dem Geschäfte 50—200 pCt. gewinnt, während der arme Viehhalter nicht nur jahrelang fast umsonst das Thier füttern, sondern auch für jeden dasselbe etwa betreffenden Unglücksfall allein die Gefahr tragen muß. Auch in den weniger krassen Fällen, wo der kleine Landmann vom Händler ein Stück Vieh eigenthümlich erwirbt, ohne doch das gekaufte baar bezahlen zu können, geschieht solcher Handel stets zum größten Nachtheil des Bauern, weil der Verkäufer erstens den Preis sehr hoch stellt, sodann aber seinen Schuldner in steter Abhängigkeit erhält und ihn zwingt, immer von neuem unvortheilhafte Geschäfte mit ihm abzuschließen, unter der stets erneuten Drohung, den noch nicht oder nur zum Theil gezahlten Kaufpreis für das Thier durch die Gerichte beitreiben zu wollen.

Es ist solches Gebahren das immer wiederholte Reißen des unbarmherzigen Schlächters an dem Stricke, an dem er sein unglückliches Schlachtopfer hinter sich drein zieht, um es unaufhaltsam dem Schlachthause — dem Ruin — entgegen zu führen.

Man sage nicht, diese Fälle von Land- und Viehwucher seien nur seltene Ausnahmen. Man gehe nach Elsaß und Lothringen, nach Baden und der Pfalz, nach Bayern und Schlesien, nach Pommern und Posen, nach Ost- und Westpreußen, nach Brandenburg und Schlesien, nach dem westlichen Thüringen und nach Hessen, sowohl dem ehemals kurfürstlichen als dem Großherzogthum, nach der Rhön und dem Vogelsberg, nach dem Westerwald und dem Spessart, nach dem Hunsrück und der Eifel, nach dem Fichtelgebirge und dem Odenwald, nach dem Schwarzwald und dem Wasgau, nach dem Habichtswald und dem Eichsfeld, nach dem fränkischen und schwäbischen Jura: überall seufzt der kleine Bauer und ländliche Tagelöhner und mit ihm im Geheimen Tausende von scheinbar wohlsituirten Rittergutsbesitzern und Großbauern unter dem Drucke des Wuchers, der sich auch als Hausirhandel mit Schnitt- und Kurzwaaren in der frechsten Weise aufdrängt. Gerade die armen Gebirgsgegenden aber sind sein ergiebigstes Feld. Denn wie die Mistel nur an solche Bäume sich ansetzt, welche der sorgsamen Pflege, des passenden Bodens und der freien Lage entbehren, so sucht das Schmarotzergewächs des Wuchers seine Beute zumeist unter den schwachen und kranken, darum äußerlich und innerlich wenig widerstandsfähigen Gliedern unsres Volkes.*)

Zum vollgültigen Beweise des Gesagten wolle man die interessanten Schriften des Vereins für Socialpolitik oder — dies eine Beispiel

---

*) Ernst Busch sucht in einer vor kurzem erschienenen Denkschrift nachzuweisen, daß die Schädigungen der Landwirthschaft ebenso wie der Industrie durch den Zwischenhandel ganz ungeheuere seien. Denn während dem Produzenten mindestens 90 pCt. des Werthes der erzeugten Waaren gebührten, dem Händler und Kaufmann dagegen höchstens 10 pCt., stehe es faktisch so, daß der Handelsgewinn 80 pCt. verschlinge, und der Produktion nur 20 pCt. verbleiben.

Mögen auch diese Zahlen auf theilweise trügerischen Berechnungen, zumal für die Landwirthschaft, ruhen: jedenfalls steht das eine fest, daß die nicht weniger als 8,9 pCt. der Bevölkerung Deutschlands ausmachenden Händler und Kaufleute einen ganz unverhältnißmäßig großen Theil d's Waarenwerthes als Handelsgewinn zum empfindlichsten Nachtheil aller übrigen Bevölkerungsklassen an sich ziehen.

Ob es möglich sein wird, den Handel, d. h. das Zwischenglied zwischen Produzenten und Konsumenten, zu „unifiziren", wie Busch es als die einzig

ist typisch — die neulichen Verhandlungen des großartigen Wucher=
prozesses in Offenburg in Baden vergleichen, aus denen sich ergibt,
mit welcher teuflischen Raffinirtheit lediglich jüdische Wucherer ihre
Opfer zu umgarnen und bis aufs Blut auszusaugen verstehen, vor
allem aber, welche ungeheure Macht und Ausdehnung diese Wucher=
ringe mit ihren „Schnüfflern", „Schmutzern", „Schleppern",
„Machern" und Geldleuten in ganzen Provinzen unter den Augen
der Behörden haben gewinnen können zum unermeßlichen Schaden
unseres Volkes.

Klagt aber der Städter mit vollem Recht über das verhältniß=
mäßig theure Brod und Fleisch: **nicht der Bauer ist's, der von diesen
hohen Preisen den meisten Vortheil zieht, sondern der wucherische
Zwischenhändler und in zweiter Linie der Metzger und Bäcker.**

Jedoch nicht bloß wirthschaftlich wirkt der Wucher im höchsten
Maße unheilvoll, sondern auch auf sittlich=religiösem Gebiete.
Er stumpft bei den in seinen Fesseln schmachtenden Opfern das
Gefühl für Recht und Unrecht, für Wahrheit und Lüge, für Pflicht
und sittliche Zucht immer mehr ab; er untergräbt und zerstört Ver=
trauen und Liebe zur Obrigkeit, weil diese so oft nach dem Buch=
staben des Gesetzes dem schändlichsten Blutsauger ihren Arm leihen
muß zur Befriedigung seiner ungerechten Ansprüche. Er raubt die
Freudigkeit zur Arbeit, den Trieb zum Sparen, zur geordneten
Lebensführung; „denn warum soll ich", so denkt der arme Gebun=
dene, „mich plagen und sparen für meinen Peiniger?" Er läßt
seinen Sklaven die häuslichen Sorgen ertränken in den Fluthen des
Branntweins, treibt ihn wohl gar zum Selbstmord oder führt den
um Hab und Gut Gebrachten der Socialdemokratie als willkommene
Beute zu. Vom Pauperismus geht's dann mit reißender Schnellig=
keit weiter zum Atheismus, Nihilismus und Anarchismus. Solch
furchtbarer Jammer aber schreit zum Himmel und ruft's hinein
in Herz und Gewissen aller rechten Volksfreunde: „**Errette die,
so man tödten will, und entziehe dich nicht von denen,
die man würgen will.**" Spr. Sal. 24, 11.

richtige Lösung des größten Theils der socialen Frage fordert, und ob solches
durch die Annahme des Antrags des Grafen Kanitz wenigstens zum Besten
der Landwirthschaft erreicht werden kann, darüber erlaubt sich Verfasser kein
Urtheil. Daß aber auf dem Wege genossenschaftlicher Selbsthülfe auch auf diesem
Gebiete schon wahrhaft Großartiges z. B. durch die sog. „Pioniere von Rochedale"
und durch die „Großeinkaufs-Genossenschaften zu Glasgow und Manchester" erreicht worden ist, steht außer allem Zweifel. —

Wer soll helfen?

"**Sociale Reform auf christlicher Grundlage**", das ist der weltbewegende Gedanke unsrer Zeit. Mit kühnem Muthe hat unser Kaiser und seine Regierung diesen großen Gedanken aufgenommen und setzt die ungeheuren Kräfte des Staates auf allen Gebieten in Bewegung, ihn zur Durchführung zu bringen. Aber dazu bedarf es nicht blos der treuesten Arbeit aller deutschen Regierungen und Behörden, sondern es ist unerläßlich, auch alle sonst verfügbaren Kräfte im ganzen Volke mobil zu machen, die bisher Gleichgültigen aufzurütteln, alle Klassen, alle Berufskreise in Stadt und Land zu gemeinsamer Liebesthätigkeit zu begeistern.

Und wahrlich, ein nicht geringer Beitrag zur Lösung der socialen Frage ist, wenigstens für die ja immer noch mehr als 50 pCt. der Bewohner Deutschlands umfassende Landbevölkerung, welche, wie wir vorhin sahen, an so tiefen und schweren Schäden krankt, die immer weitere **Verbreitung der Raiffeisenschen ländlichen Genossenschaften**.*)

Dürfen und sollen aber auch christliche und kirchliche Kreise bei dieser Arbeit für zunächst wirthschaftliche Zwecke sich betheiligen?

Wenn Luther den hohen Werth der helfenden Liebe mit den Worten preist: "Kein Gottesdienst ist größer als die Liebe, die dem dürftigen Bruder hilft und dient;" wenn der Ausspruch eines berühmten Socialpolitikers: "Jeder Verzicht der Kirche und ihrer Diener auf ihren socialen Beruf hat sofort einen tiefen Verfall des kirchlichen Lebens zur unabwendbaren Folge" heutigen Tages kaum mehr auf Widerspruch stoßen dürfte; wenn Thomas Carlyle prophetisch darauf hinweist, die selbstlose Hingebung für den Nächsten werde in nicht zu ferner Zeit die Menschen zu Genossenschaften vereinigen und "auf der Grundlage der aufopfernden Nächstenliebe die zersetzte Gesellschaft aufs neue gliedern"; wenn Abt Uhlhorn, der geistvolle Kenner und Geschichtsschreiber der christlichen Liebesthätigkeit "der Kirche den endlichen Sieg zuerkennt, die zur Lösung der socialen Frage am meisten beiträgt" — so ist den Raiffeisenschen Vereinen und ihren Bestrebungen ohne weiteres das volle Bürger- und Heimathsrecht neben den anderen vielgestaltigen Werken der inneren

---

*) Eine ganz vorzügliche Monographie über die Raiffeisenschen Kassen: "System Raiffeisen" von Dr Otto Brandt, Landgerichtsrath in Hanau, Neuwied 1891, Verlag von Raiffeisen u. Cons., kann behufs genauerer Orientirung über die Grundlagen und Bestrebungen dieser Vereine aufs wärmste empfohlen werden.

Mission gewährleistet. Zudem ist dieses Recht ihnen ausdrücklich durch den 25. Congreß für i. M. in Cassel vom Herbste 1888 zuerkannt worden, der auf Grund eines Vortrages des Verfassers dieser Denkschrift auf jener Versammlung demselben „die Ausarbeitung einer kurzen, gemeinverständlichen Schrift über die Raiffeisenschen Darlehnskassen nach den im Vortrage gegebenen Gesichtspunkten" übertrug, ein Auftrag, welchem die gegenwärtige Arbeit zunächst ihre Entstehung verdankt. Alle Bedenken aber, die trotz alledem noch über die Frage vorhanden sein sollten, ob die christliche Kirche und ihre Diener an diese vorerst wirthschaftlichen Arbeiten mit Hand anlegen sollen, dürften durch den bedeutungsvollen Erlaß des preußischen Oberkirchenrathes an die evangelische Geistlichkeit vom 17. April 1890 entkräftet werden, in dem es heißt: „Zugleich aber wollen wir nicht unterlassen, darauf hinzuweisen, daß ein evangelischer Geistlicher auch den auf allgemein menschlichem Gebiete sich bewegenden Wohlfahrtsbestrebungen unserer Zeit, wie den Vereinen zur Herstellung gesunder Arbeiterwohnungen, den Volksküchen, Siechen- und Feierabendhäusern u. dergl. nicht kalt oder gleichgültig gegenüberstehen darf. **Die Förderung der materiellen Wohlfahrt der Arbeiter und ihrer Familien ist auch eine der Voraussetzungen für die Hebung ihres religiös-sittlichen Lebens.** Ueberall wird es die Aufgabe des Geistlichen sein, die vorhandenen Nothstände scharf ins Auge zu fassen, Abhülfe für dieselben zu suchen, die thätige Theilnahme der kirchlichen Gemeindeorgane und der besitzenden Gemeindeglieder daran zu erwecken und ihr die rechte Richtung zu geben."

Darum sei es allen wahren Freunden des Volkes und des Reiches Gottes zugerufen:

„Nur frisch hinein! — es wird so tief nicht sein."

Wer aber sollte nicht freudig an diesem großen Werke mitarbeiten, da seine Grundlage nach dem Willen seines Stifters und nach der Praxis aller Raiffeisenschen Vereine einzig und allein die **christliche Nächstenliebe** ist? Sie ist die gewaltige Triebkraft, welche Herz, Kopf und Hand der in dieser gesegneten Arbeit Stehenden in Bewegung setzt; das Schwungrad aber muß die Treue im Großen und Kleinen sein, welche unsere Liebesarbeit in gleichmäßigem Gange erhält, daß letztere sich weder in unbesonnenem Eifer überstürze, noch auch unter der steten Reibung der Dinge und Menschen allzusehr sich verlangsame oder gar erlahme. Die liebevolle Fürsorge für die armen und unfreien, schwachen und elenden, vom Wucher ausgebeuteten, von Kummer und Sorge niedergebeugten Brüder ist es, welche uns dringen und dingen soll auch zu dieser Arbeit im Weinberge des Herrn. Und wenn der Heiland uns zuruft im Michaelis-Evangelium: „Sehet zu, daß ihr nicht jemand von diesen Kleinen verachtet!" so legt er uns außer den Kindern gewiß auch die Kleinen und Armen an Verstand und Erfahrung, an Vermögen, an Willenskraft, an Glauben ans Herz. Zu diesen Kleinen aber gehören auch die armen Bauern, Handwerker und Tagelöhner auf dem Lande. Auf diesem Grunde der christlichen Nächstenliebe hat auch Raiffeisen unentwegt gestanden bis zum letzten Athemzuge, so sehr gerade diese Stellung den Gegnern Anlaß gab zu immer neuen spöttischen und hämischen Angriffen. Davon zeugt das schöne Wort, mit dem er 1886 den großen Vereinstag zu Köln (gewissermaßen als sein unveräußerliches Vermächtniß an seine lieben Vereine) schloß: „Je mehr wir überzeugt sind, daß es nicht ein Menschen-, sondern ein Gotteswerk ist, wofür wir arbeiten, desto mehr ist es unsere Pflicht, alle unsere Kräfte bis aufs äußerste anzuspannen für ihn, den obersten Leiter; und da wir für ihn selbst nichts thun können, für die geringsten unter unseren Brüdern, für die Nothleidenden, einmüthig zusammenzuwirken." In überaus treffender Weise findet Dr. Thiel, K. Preuß. Geh. Oberregierungsrath und vortragender Rath im Ministerium für Landwirthschaft, Domänen und Forsten, in Nr. 8 und 9 1895 der „Deutschen Landwirthschaftlichen Presse" das ganze edle Streben und die hohen Ziele Raiffeisens und der in seinem Geiste geleiteten Vereine „in der Ertödtung der Selbstsucht in opfervoller genossenschaftlicher Wirksamkeit" verwirklicht. Das Banner der aufopfernden Bruderliebe, welches Vater Raiffeisen so hoch gehalten, das ist's noch heute, um das sich alle seine Jünger begeistert schaaren in der durch tausendfache Erfahrungen bestätigten Zuversicht: „In diesem Zeichen, und nur in ihm, werden wir siegen." Denn was der kürzlich verstorbene Dekan Guth in Grünstadt in seiner trefflichen Schrift: „Die Armenpflege, deren Geschichte und Reformbedürfniß" als die Hauptaufgabe der Armenpflege bezeichnet, nämlich die individuelle Seelenpflege, das gilt in gewissem Sinne auch von den Grundsätzen und der Praxis der Raiffeisenschen Genossenschaften. Wollte man diese christlich sittlichen Grundlagen aus unseren Vereinen entfernen und sie zu reinen Geld instituten machen, so würden ihr von vornherein die stärksten Wurzeln ihrer Kraft abgegraben, und sie nur noch Zerrbilder sein von dem, was ihr Gründer im Auge hatte.

Allerdings ist es gewissen Parteien und Persönlichkeiten ein immer erneutes Aergerniß, daß unsere Kassen im Gegensatz zu den Schulzeschen Vereinen, die ausgesprochenermaßen keinen anderen Zweck haben, als Geldgeschäfte zu machen, gerade auf diese Grundlage mit aller Entschiedenheit sich stellen. In einer vor kurzem erschienenen Streit= und Schmähschrift eines Herrn Dr. Glackemeyer z.. B., Verbandsdirektors der hannoverschen Schulzeschen Creditvereine und gleichzeitig Vorstehers eines Schulzeschen Vorschußvereins, stürzt sich dieser Herr in grimmem Zorn auf die Raiffeisenschen Darlehnskassen und ihre Prinzipien.

Unter der Ueberschrift: „Ein eigenartiger Mantel der Darlehnskassen" sucht er diese Grundsätze als heuchlerisches Aushängeschild und als plumpes Lockmittel, Gimpel zu fangen, in der gehässigsten Weise zu brandmarken, ohne für solche Verleumdung auch nur den Schatten eines Beweises beibringen zu können. Weil erfahrungsmäßig Pfarrer, Lehrer und angesehene christlich gesinnte Laien auf dem Lande — und diese sind ja dort zumeist hierfür die einzig geeigneten Persönlichkeiten — bei der Gründung und Leitung unserer Kassen besonders thätig sind und dafür gewonnen werden sollen, deshalb hänge man, so behauptet Herr Glackemeyer, „diesen Bestrebungen ein christlich=religiöses Mäntelchen um, um dadurch gleichsam eine gute Empfehlungskarte an die genannten Kreise in Händen zu haben", und ereifert sich in tugendhafter Entrüstung darüber aufs heftigste, daß „die Religion für die Zwecke der Darlehnskassen in den Staub der Geldgeschäfte hinabgezogen" werde. Warum aber muß denn, so fragen wir billig, immer Staub oder vielleicht gar Schmutz an allen Geldgeschäften hängen, selbst an solchen, die keinerlei persönlichen Vortheil, sondern nur Arbeit und Mühe bringen und nur der sittlichen und wirthschaftlichen Hebung der Betheiligten dienen sollen? Kennt denn Herr G. nur Geldgeschäfte, an denen Staub und Schmutz hängt? Dem Verfasser jener Schmähschrift kann zu seiner Beruhigung mit gutem Gewissen erwidert werden, daß wir, während dies bekanntlich bei den Schulzeschen Kassen nicht immer gilt, von jedem durch unsere Kassen gehenden Pfennig getrost sagen können: „Non olet".

Ganz in demselben gehässigen Sinne hat auch der letzte Genossen=
schaftstag der Schulze=Delitzsch=Vereine zu Gotha von 1894 diese
Betonung der christlichen Nächstenliebe bei unseren Vereinen zu
brandmarken gesucht, so daß sich der Eisenacher Verbandstag der
Thüringer ländlichen Genossenschaften vom Herbste 1894 u. a. zu
folgender Erklärung genöthigt sah:

„Die in Gotha gefallene Aeußerung: „Raiffeisen betreibe bezüglich
seiner Sache mit der Religion einen Mißbrauch," weisen wir mit
Entschiedenheit zurück, dagegen bekennen wir uns ausdrücklich zu
den Grundsätzen, welche Vater Raiffeisen seiner Organisation zu
Grunde gelegt hat, und heben besonders hervor, daß diese Grund=
sätze mit den Lehren des Christenthums übereinstimmen."

Es ist dies übrigens genau dieselbe Methode, nach der gewisse
Leute in scheinbarem Wohlmeinen Religion, Kirche, Christenthum,
Glauben, Gotteswort nur zum gelegentlichen Privatgebrauche in den
Winkel stellen und zu keinerlei öffentlicher Bethätigung, als höchstens
auf der Kanzel kommen lassen möchten und deshalb in angeblicher
heiliger Scheu vor jeder frevelhaften Vermischung von Geistlichem
und Weltlichem eindringlichst warnen. Die sehr durchsichtige Absicht
ist freilich, dabei hübsch ungestört ihre eigenen Pfeifen im Rohre
schneiden und das Volk ihren selbstsüchtigen Zwecken dienstbar machen
zu können.

Gegenüber solchen niedrigen Angriffen auf die idealen, uner=
schütterlichen Grundlagen unserer Vereine möchten wir, ohne uns
in irgend eine weitere Polemik einzulassen, diese Art Gegner, welche
ja alle recht stattliche Besoldungen und Gewinnantheile von ihren
Vereinen beziehen, bezw. bezogen haben, an das bekannte Schiller'sche
Distichon auf die Wissenschaft erinnern:

„Einem ist sie die hohe, die himmlische Göttin, dem andern
Eine tüchtige Kuh, die ihn mit Butter versorgt."

Aber seitdem die kaiserlichen Botschaften vom 17. November 1881,
18. Juni 1888 und 4. Februar 1890 die deutsche Volkswirthschaft
in neue, wahrhaft christliche Bahnen gewiesen; seitdem man „Uebung
des praktischen Christenthums" und „Schutz für die Bedrängten und
Schwachen nach christlichen Grundsätzen" auch auf die Fahne der
inneren Politik geschrieben hat: seit dieser Zeit hat sich das deutsche
Volk in seinen besseren Elementen mehr und mehr von diesen man
chesterlichen Irrthümern frei gemacht und erkennt immer klarer, daß

das Paulinische Wort: „Alles ist Euer" auch die Dinge dieser Welt unter dem Gesichtspunkt des Reiches Gottes gestellt und sogar zunächst rein wirthschaftliche Fragen nach christlichen Maximen beurtheilt und gelöst sehen will. Denn das Evangelium, das für alle Lebensverhältnisse die rechten Bahnen, Maße und Ziele zeigt, ist der Sauerteig, der das gesammte Welt- und Volksleben zu durchdringen hat, damit je länger je mehr, wie der verstorbene Gustav Werner in Reutlingen, der gläubig kühne Schöpfer so vieler christlicher Liebeswerke, so schön es ausdrückt, „Christus der König werde auch in allen irdischen Verhältnissen."

Das rechte Heilmittel.

Daß die Raiffeisenschen Vereine als die beste Arznei für die oben geschilderte Krankheit empfohlen werden dürfen, ist schon mehrfach gesagt worden. Es handelt sich nun darum, diese Genossenschaften in ihren Grundsätzen und in ihrer Organisation darzulegen.

Die Raiffeisenschen ländlichen Darlehnskassen beruhen ebenso wie die Schulzeschen Creditgenossenschaften auf der **unbeschränkten Haftpflicht aller Mitglieder**, das heißt: ein jeder haftet mit seinem ganzen Vermögen für die Schulden und sonstigen Verpflichtungen seines Vereins. Um der traurigen Erfahrungen willen, welche eine lange Reihe der Schulzeschen Vereine gerade mit dieser Bestimmung gemacht haben, indem durch sie sogar viele reiche Leute, bei einem Zusammenbruche ihrer Genossenschaft um ihr ganzes Vermögen kamen, ja ganze Städte und Gegenden in's Unglück gestürzt worden sind, haben manche sonst gemeinnützig wirkende Männer sich für den Anfang von der Mitgliedschaft auch bei einem ländlichen Darlehnskassenverein zurückschrecken lassen, meinen wohl auch, daß es, um diesen Gefahren zu begegnen, viel richtiger sei, die durch das neue Genossenschaftsgesetz vom 1. Mai 1889 gestattete **beschränkte Haftpflicht** auch bei unseren Vereinen einzuführen. —

Es kann nicht verhehlt werden, daß das neue Genossenschaftsgesetz vom 1. Mai 1889 die von den **städtischen** so grundverschiedenen **ländlichen** Verhältnisse und Bedürfnisse viel zu wenig berücksichtigt hat. Zwar dem Unfuge der Tantièmen für die Vereinsbeamten, der mehrfachen Geschäftsantheile eines einzigen Mitgliedes, der Ausleihung von Geldern auch an Nichtvereinsmitglieder, Mißbräuchen, die bei manchen Schulzeschen

Kassen zu so verhängnißvollen Katastrophen geführt haben, ist mit vollstem Recht durch das neue Gesetz ein kräftiger Riegel vorgeschoben worden; darin liegt auch eine indirekte Anerkennung für unsere Grundsätze, da wir von jeher solche Geschäftsusancen aufs schärfste verurtheilt und nirgends geduldet haben. Jedoch sind auch in das neue Gesetz, weil die Vertretung unserer Anschauungen und Interessen im damaligen Reichstage keine genügende war, Bestimmungen aufgenommen worden, welche nur schwer mit unseren Prinzipien und Bedürfnissen in Einklang zu bringen sind. Es ist das namentlich die Forderung, daß mindestens alle 10 Jahre eine Abstimmung stattzufinden habe über die eventuelle Vertheilung des Reservefonds unter die Mitglieder, während nach unserer Ueberzeugung dieser dem Wohle und der Sicherheit des ganzen Vereins dienende Fonds niemals getheilt werden darf. Vollkommen zutreffend stellt Dr. Thiel in seinem schon oben erwähnten Aufsatze den Widersinn dieser famosen Bestimmung auf gleiche Stufe mit einem etwaigen Paragraphen der Gemeindeordnung, nach dem man es den Bauern alle 10 Jahre zur Pflicht machen würde, durch Abstimmung darüber zu beschließen, ob der Gemeindewald heruntergehauen und der Erlös unter die Bauern getheilt werden solle oder nicht. Das heißt doch geradezu die niedrigste Selbstsucht herausfordern, damit diese in blöder Kurzsichtigkeit die Henne schlachte, welche die goldenen Eier legt! So wird man's denn auch wohl verstehen, warum der General-Anwalt Cremer und der Vorsitzende des General-Anwaltschaftsrathes Dr. Kircharz im Namen und Auftrag sämmtlicher Darlehnskassen-Vereine Raiffeisenscher Organisation unter dem 3. April 1894 die Bitte an den Reichstag gerichtet hatten, die §§ 20 und 89 des Genossenschaftsgesetzes vom 1. Mai 1889 entsprechend abzuändern. Nur durch die Schaffung des sogenannten Stiftungsfonds, der nach § 35 unserer neuen Statuten bei jedem Vereine mit mindestens ²/₃ des jährlichen Gewinnes so lange zu speisen ist, bis er die Höhe des Betriebskapitals des Vereins erreicht hat, der aber in seinem Bestande niemals angetastet werden darf, während sein Zinsenabwurf zum Wohle der Gesammtheit der Mitglieder verwendet werden kann: nur dadurch war es möglich, der Gefahr vorzubeugen, daß unter Umständen das ganze mühsam gesammelte Vereinsvermögen zum größten Schaden der Allgemeinheit durch Vertheilung unter die Mitglieder verloren geht. Zu den zu beklagenden Härten des neuen

Gesetzes ist weiter zu rechnen, daß auch den ländlichen Darlehns=
kassen-Vereinen die Bildung von Geschäftsantheilen zur Pflicht
gemacht wird, obgleich diese für das Land mit seinen zumeist durch
größeren Immobilienbesitz und größere Seßhaftigkeit der Mitglieder
gebotenen Sicherheiten, wie Löll in seiner mehrfach citirten Schrift
in überzeugender Weise ausführt, ganz unnöthig sind und dem Ver=
einsrechner verhältnißmäßig viele Arbeit bereiten. Endlich verur=
sacht die auch für die doch auf engste Kreise beschränkten Darlehns=
kassen-Vereine geltende Bestimmung, daß jede Veränderung im
Vorstande des Vereins u. s. w. nicht nur im Genossenschaftsblatt,
sondern auch im Reichsanzeiger veröffentlicht werden muß, ganz
unnöthige Kosten. —

Jene Anschauung von der beschränkten Haftpflicht ist aber, hin=
gesehen auf die Einrichtungen und Erfahrungen unserer Kassen, eine
durchaus irrige. Auf der einen Seite nämlich können unsere Ver=
eine bei ihrer stets ziemlich beschränkten Mitgliederzahl die unbe=
schränkte Haftpflicht nicht wohl entbehren, da auf ihr gerade doch
ganz wesentlich ihre Creditfähigkeit nach außen beruht, auf der
anderen ist bei ihnen auch nicht die geringste Gefahr für das Ver=
mögen des einzelnen Mitgliedes vorhanden. Dank ihrer vortreff=
lichen Organisation hat in den nunmehr 45 Jahren ihres Bestehens
**noch nie ein Raiffeisenscher Darlehnskassen-Verein Bankerott gemacht,
ja noch nie hat ein Mitglied derselben durch die gefürchtete unbeschränkte
Haftpflicht auch nur einen Pfennig eingebüßt.***) Darum haben auf
dem großen Vereinstage in Frankfurt im Juni 1889 sämmtliche der
General=Anwaltschaft zu Neuwied unterstellte ländliche Genossen=

---

*) Dr. Löll kennzeichnet in seiner Schrift in sarkastischer Weise den Unter-
schied zwischen den Schulzeschen und den Raiffeisenschen Kassen scharf, aber nicht
unberechtigt kurz dahin: „**Die Schulzeschen Kassen machen mitunter
Bankerott, die Raiffeisenschen niemals.**" Man vergleiche nur, un-
zähliger früherer Fälle gar nicht zu gedenken, die furchtbaren Bankbrüche in
den letzten Jahren der Vorschußvereine in Saalfeld, Meißen, Glauchau, Staßfurt,
Osterfeld, Allenstein, Naumburg a. S. und vor allem in Weimar, durch welche
der Nationalwohlstand um Millionen geschädigt und Tausende um Hab und Gut
gekommen sind!

Die in den Schulzeschen Kassen und Blättern immer neu auftauchende Lügen-
mär, der vor längeren Jahren schmachvoll verkrachte Zoppoter Darlehnskassenverein sei eine Genossenschaft Raiffeisenscher Organisation gewesen, widerlegt
sich einfach durch die Thatsache, daß derselbe mit Neuwied und Raiffeisen n i e in
Verbindung gestanden und nur den Namen „Darlehnskassenverein" sich angemaßt
hat, während seine Statuten und seine ganze Verwaltung mit den von Raiffeisen
und seinen Vereinen vertretenen Grundsätzen in j e d e r Beziehung im vollsten
Widerspruche standen.

schaften die Beibehaltung der unbeschränkten Haftpflicht als die einzig und allein für bäuerliche Verhältnisse passende und die Ablehnung der beschränkten Haftbarkeit, die nur für nicht leicht übersehbare städtische Verhältnisse eine Bedeutung haben dürfte, sowie der „un = beschränkten Nachschußpflicht" als für sie ganz zwecklos, ja geradezu schädlich beschlossen. Durch die gerichtliche Eintragung jedes Raiffeisenvereins in das genossenschaftliche Register erhält derselbe die wichtigen Rechte einer juristischen Person. — Selbstverständlich darf, wie schon oben angedeutet, ein Mitglied einer Darlehnskasse nicht auch Mitglied eines anderen Creditinstitutes werden oder bleiben.

Neben der unbeschränkten Haftpflicht sind es noch vier Grund= pfeiler, auf denen das Gebäude unserer ländlichen Darlehnskassen= Vereine ruht:
1. die schon oben erwähnte **Unentgeltlichkeit der Ge= schäftsführung**;
2. die Beschränkung des Vereins auf einen **möglichst kleinen Bezirk**;
3. die Ausleihung der Kapitalien auf meist **längere Fristen**;
4. die Bildung eines gemeinsamen, **untheilbaren Stiftungs= fonds** unter Abweisung jedes privaten Gewinnes.

1. § 28 der Normalstatuten lautet: „Die Mitglieder des Vor= standes und des Aufsichtsrathes üben ihr Amt als **unbesoldetes Ehrenamt** aus und haben nur den Ersatz ihrer Baarauslagen zu beanspruchen." Was diese Bestimmung anlangt, so ist schon von mancher Seite dagegen eingewendet worden, eine gänzlich unentgelt= liche Amtsführung sei auf dem Lande gar nicht durchzuführen, über= haupt nicht gerechtfertigt, denn jeder Arbeiter sei seines Lohnes werth. Wir können erwidern, daß einmal es noch nirgends an den rechten Männern gefehlt hat, die ohne eigenen Gewinn ihren Vereinen ein Opfer zu bringen geneigt sind, wie sie dies ja vielfach bereits als Mitglieder des Kirchgemeindevorstandes, Gemeinderaths und Schulvorstandes ohne Murren thun, daß sodann die von ihnen ge= forderte Arbeit bei der Kleinheit des Vereinsgebiets und der Einfach= heit der Geschäfte keine allzugroße ist, und daß es endlich nur der Solidität des ganzen Unternehmens förderlich sein kann, wenn alle Spekulationen auf hohe Gehalte oder gar Tantièmen grundsätzlich fern ge= halten werden. Gerade die hohen Besoldungen und Gewinnantheile, welche die Schulzeschen Kassen ihren Beamten bisher gewährten,

und die meist sehr bedeutenden Dividenden, deren wenigstens die wohlhabenden Vereinsmitglieder mit ihren zahlreichen Geschäftsantheilen bis zu je 1000 Mk. und mehr bei günstigem Geschäftsgange sich erfreuen, sind nachweisbar für viele jener Vereine die Ursache zu höchst gewagten Geldgeschäften, und damit der Nagel zu ihrem Sarge geworden. Viele dieser Schulzeschen Genossenschaften, namentlich in den größeren Städten, sind ja überhaupt nicht mehr, wie es doch in der ursprünglichen Absicht ihres Gründers lag, Creditinstitute für den kleinen Handwerker und Bürger, sondern große Bankfirmen geworden, die ihre Geschäfte im wesentlichen mit Großkaufleuten, Großindustriellen und Bauunternehmern machen und damit selbst zum Ruin des Kleinbürgerthums und Handwerks unabsichtlich beitragen.

Aus demselben Geiste uneigennütziger Bruderliebe ist auch die Bestimmung in den Normalstatuten unserer Vereine hervorgegangen, daß kein Eintrittsgeld von den den Beitritt zum Verein Nachsuchenden erhoben werden darf. Nur der Rechner des Vereins, der aber dem Vorstande und Aufsichtsrathe nicht angehören darf, bezieht für seine bedeutendere Mühewaltung eine angemessene kleine, aber feste Besoldung.

2. Die Beschränkung der Darlehnskassen-Vereine auf einen thunlichst kleinen Bezirk, der am besten seine Thätigkeit in einem Vereinsgebiete mit höchstens 2000—3000, mindestens aber 800—1000 Seelen entfaltet. In der Regel über ein Kirchspiel (Parochie) nicht hinausgehend, ja in sehr vielen Fällen nur einen einzigen Ort umfassend, bietet diese weise Beschränkung, wie auf den ersten Blick einleuchtet, den großen Vortheil, daß sich die Vereinsgenossen nach ihrem Vermögen, ihrem Charakter, ihrer Lebensführung und damit nach ihrer Creditwürdigkeit und -Fähigkeit aufs genaueste kennen, sich also gewissermaßen alle „in die Fenster und Taschen" sehen können. Ohne jedes Spionirsystem werden auf diese Weise die Vereinsbeamten, die Mitglieder, die Bürgen, ihre Schuldner ganz von selbst überwachen. Dadurch werden Verluste fast unmöglich gemacht; die Fürsorge aber für den schwachen, von Unglücksfällen heimgesuchten, von Wucherern bedrängten Bruder kann selbst in scheinbar verzweifelten Fällen noch eintreten und eine weit planvollere, wirksamere und nachhaltigere sein, als in den in ihren Geschäften an keine bestimmten Grenzen gebundenen Schulzeschen Vor-

Schußkassen. Unsere Vereine sind also fast durchweg **Parochialgenossenschaften.** Welch wichtiges Mittel aber ist damit den Dienern der Kirche zu gesegneter Einwirkung in die Hände gegeben; denn es verbindet ein solcher, in der Regel alle selbständigen unbescholtenen Personen einer Gemeinde oder Parochie umfassende Verein die Glieder des Kirchspiels oder der Einzelgemeinde zu gemeinsamer Liebesthätigkeit unter und für einander, bildet also gleichsam eine einzige christliche Familie.

Dieser geringe Umfang der Genossenschaftsbezirke und die Einfachheit der auf dem Lande vorherrschenden socialen Zustände ermöglichen auch eine verhältnißmäßig **sehr einfache Buch- und Geschäftsführung,** in welche sich jeder mit klarem Verstande, praktischem Blicke und gutem Willen begabte Mann, auch wenn er nur durch die Volksschule hindurchgegangen ist, unter dem Beirath der Generalanwaltschaft und ihrer stets hilfsbereiten Inspektoren und Revisoren nicht allzuschwer einarbeiten kann. Daß die von der Firma Raiffeisen und Conf. zu Neuwied für die Gründung und Geschäftsführung der Vereine zu beziehenden Bücher, Formulare und Tabellen immer klarer, übersichtlicher und praktischer mit der wachsenden Erfahrung gestaltet worden sind, bedarf wohl keines besonderen Nachweises.

3. Es ist die Eigenthümlichkeit der Raiffeisenschen ländlichen Genossenschaften — wiederum im Gegensatze zu den Schulzeschen Kassen, die grundsätzlich eigentlich nur auf 3 Monate ausleihen — daß sie meist auf **längere Fristen** von 2, 4, 6, **ja 10 und unter besonderen Umständen noch mehr Jahren mit im voraus bestimmten festen Abzahlungen** Gelder auf einfache Schuldscheine ausleihen, sei es gegen Bürgschaft,*) sei es gegen Hypothekbestellung, sei es gegen Hinterlegung von sicheren inländischen Werthpapieren. **Unter keinen Umständen** wird jedoch auf **Wechsel** ausgeliehen, da man denselben, mag er auch für die eigentlich kaufmännischen Kreise unentbehrlich sein, um seiner Gefährlichkeit willen in unredlichen oder untüchtigen Händen, für bäuerliche Verhältnisse überhaupt am liebsten ganz ausgeschlossen sehen und ein Gesetz mit

---

*) Die gebräuchlichste, einfachste, billigste und bei Beobachtung der rechten Vorsicht im Grunde auch beste Art der Sicherheitsbestellung für ein auszuleihendes Kapital ist die **Bürgschaftsleistung** einer oder mehrerer zahlungsfähiger Personen für den geschuldeten Betrag, resp. für den Schuldner.

Freuden begrüßen würde, welches seine Anwendung nur für die Kaufleute gestattete.

Warum aber leihen die Raiffeisenschen Kassen meist nur auf längere Fristen aus? Während der städtische Kaufmann, Handwerker und Angestellte das erborgte Kapital meist rasch umsetzen resp. wieder ersetzen, darum auch nach kurzer Frist zurückzahlen kann, ist dazu der Landbewohner in den allermeisten Fällen nicht im Stande. Denn hat er mit dem auf der Darlehnskasse erborgten Gelde einen Acker, Vieh oder eine landwirthschaftliche Maschine gekauft, sein Geschäft erweitert, seine Grundstücke verbessert, seine Wirthschaftsgebäude vergrößert, seine im Drange der Noth gemachten Wirthschaftsschulden abgetragen oder aus den drückenden Fesseln eines wucherischen Gläubigers sich befreit, oder er hat endlich als ländlicher Handwerker einen größeren Vorrath von Werkholz, Eisen, Leder u. s. w. mit Hülfe der Darlehnskasse angeschafft, so liegt es doch auf der Hand, daß auch bei größtem Fleiße und äußerster Sparsamkeit, zumal bei dem in Deutschland so weit ausgedehnten unseligen Borgsystem, fast immer eine längere Reihe von Jahren dazu gehören wird, ehe er aus dem Ertrage des neu Erworbenen oder Verbesserten so viel gewonnen hat, um seine ganze in Folge dieser Maßnahmen aufgenommene Schuld zurückzahlen zu können. Die Erfahrung hat übrigens gelehrt, daß, auf eine je längere Reihe von Jahren im allgemeinen sich diese festen Rückzahlungen vertheilen, um so sicherer auf pünktlichen Eingang der fraglichen Summe zu rechnen ist. Von irgend einer Gefährdung des ausgeliehenen Kapitals kann aber deshalb keine Rede sein, weil von jeder ungünstigen Wendung in den Verhältnissen des Schuldners der Vereinsvorstand rechtzeitig Nachricht erhalten und dann — wenn Gefahr im Verzuge — von seinem statutenmäßig ihm zustehenden Kündigungsrechte sofort Gebrauch machen wird, nach welchem schon innerhalb 4 Wochen der geschuldete Betrag zurückgezahlt werden muß — eine äußerste Maßregel, welche indeß nur unendlich selten, bei vielen Vereinen niemals in Anwendung kommt —, und weil schon bei der Ausleihung von Seiten des mit allen Verhältnissen genau vertrauten Vorstandes stets die nöthige Vorsicht beobachtet wird. Es wäre ja geradezu wider die menschliche Natur, wenn die durchweg aus den wohlhabendsten Gliedern des Vereins gewählten Vorstände und Aufsichtsräthe, die für ihre Mühewaltung keinerlei Vergütung empfangen, auch von dem etwaigen Gewinne des Vereins, mag er] noch so groß sein, persönlich niemals auch nur einen Pfennig erhalten, auf gewagte Geschäfte irgend welcher Art sich einlassen sollten, die ihnen selbst keinerlei Vortheil, vielleicht aber durch die auch für sie geltende unbeschränkte Haftpflicht schwere Nachtheile bringen könnten. Bekanntlich ist aber der Bauer vor allem bei Geldgeschäften überaus vorsichtig, ja mißtrauisch und beurtheilt darum, fern von aller unpraktischen Gefühlsschwärmerei, alle Verhältnisse mit sehr nüchternem Blicke. Ueberdies werden alle durch die längeren Ausleihungen scheinbar entstehenden Gefahren auch dadurch beseitigt, daß der Aufsichtsrath vierteljährlich eine genaue Prüfung sämmtlicher ausstehenden Forderungen und der hierfür gegebenen Bürgschaften vorzunehmen und, wo irgend ein Bedenken vorliegt, die Bestellung neuer Sicherheiten anzuordnen hat. Sollte aber trotz alledem und alledem wirklich einmal ein kleiner Verlust vorkommen, nun, so wird dieser ohne jede Inanspruchnahme der Mitglieder regelmäßig aus dem rasch anwachsenden Reservefonds gedeckt.

Obgleich nun Schulze-Delitzsch und seine Anhänger diese Praxis der Raiffeisenschen Vereine, Gelder auf lange Fristen auszuleihen, die doch gemeiniglich nur auf kurze Kündigungsfristen angeliehen sind, als den „wundesten Punkt" unserer Vereine bezeichnen,*) so hat die Erfahrung, die ja überall die beste Lehrmeisterin ist, bewiesen, daß dieses Verfahren ganz und gar unbedenklich ist, da selbst in den Kriegsjahren 1864, 1866 und 1870 bei keinem einzigen unserer Vereine in Folge der allgemeinen unsicheren Lage Kündigungen von Seiten der Vereinsgläubiger in größerem Umfange vorgekommen sind, ja daß vielmehr gerade in diesen Zeiten und in den 1870 am meisten bedrohten Gegenden am Rhein ängst-

---

*) Faktisch haben ja auch die Schulze'schen Vereine längst, trotz der Theorien ihres Begründers, durch die Macht der Thatsachen gezwungen, zu der Praxis der längeren Ausleihungen vielfach sich bequemen müssen, ja die Nützlichkeit bezüglich Nothwendigkeit der Ausleihungen an Landbewohner auf längere Fristen auf ihrem Genossenschaftstage in München im August 1892 ausdrücklich anerkannt, vorausgesetzt, daß die Vereine über hinreichendes Kapital verfügen. Wenn z. B. in dem Jahresbericht pro 1890 eines sehr gut geleiteten Vorschußvereins in K. nur 59,000 Mk. Neuausleihungen gegenüber 386,000 Mk. Prolongationen angegeben sind, wenn ferner bei einem anderen sehr kleinen Schulze'schen Vereine, dessen Jahresbericht dem Verfasser vorliegt, allein 47,000 Mk. als Ausleihungen auf Specialhypothek aufgeführt werden, bei welchen doch Niemand an eine Rückzahlung innerhalb dreier Monate nach der Erborgung denken kann, so ist doch auch dem blödesten Auge erkennbar, daß dieser angeblich so wichtige Grundsatz auch bei jenen Kassen mehr oder weniger nur auf dem Papier steht.

liche Kapitalisten nicht nur ihre Kapitalien nicht kündigten, sondern den Vereinskassen ihr baares Geld zu ganz niedrigen Zinsen, einzelne sogar ohne Zinsen anboten. Denn sie sagten sich mit vollem Rechte, gerade in den gefährlichen Kriegsläuften sei der für Nichtinteressenten ganz werthlose Vereinsschuldschein weit sicherer vor dem Feinde als baares Geld oder staatliche und industrielle Werthpapiere. So erklärt es sich, daß noch niemals einer unserer Vereine gezwungen gewesen ist, wegen zahlreicher Kündigungen von ihm angeliehener Kapitalien wiederum seinen Schuldnern irgend einen Betrag zu kündigen.

Warum auch nach rein bankmäßigen Grundsätzen es durchaus statthaft ist, die bei den Darlehnskassen-Vereinen angelegten Gelder auf längere Jahre auszuleihen, ohne daß die Vereinsgläubiger gleichfalls an lange Fristen gebunden sind, dies weiter auszuführen, ist hier nicht der Ort. Es möge genügen, auf die auch in kritischen Zeiten bestens bewährte Einrichtung unserer Vereine hingewiesen zu haben.

4. **Der gemeinsame, untheilbare Stiftungsfonds.** Neben dem für die Deckung etwaiger kleiner Verluste ohne Inanspruchnahme der Mitglieder zu bildenden und mit jährlich 20 pCt. des Reingewinns zu speisenden Reservefonds wird in jedem Vereine ein sogenannter Stiftungsfonds angesammelt, dem nach § 35 der Normalstatuten mindestens zwei Drittel des jährlichen Bruttoüberschusses zugeschrieben werden müssen. Der alsdann noch verbleibende kleine Gewinnrest darf, wenn nicht auch er, wie fast überall geschieht, dem Stiftungs- oder Reservefonds zugeführt wird, als Dividende für die höchstens je 15 Mk. betragenden Geschäftsantheile an die Mitglieder vertheilt werden. Aber auch diese Dividende soll, um alle Gewinnsucht vom Vereine fern zu halten, 4 pCt der Geschäftsguthaben nicht überschreiten. Häufig geschieht es auch, daß die kleine Dividende zur Bezahlung des Abonnements auf das in Neuwied erscheinende „Landwirthschaftliche Genossenschaftsblatt", das zur Zeit in einer Auflage von 38,000 Exemplaren erscheinende, sehr gut redigirte Organ unserer Vereine, für jedes Mitglied verwendet wird. Die Speisung des Reservekapitals und Stiftungsfonds in den bestimmten Grenzen ist so lange fortzusetzen, bis das Reservekapital die Höhe von 15,000 Mk., der Stiftungsfonds die volle Höhe des Betriebskapitals der Genossenschaft erreicht

hat. Bis zu diesem Zeitpunkte können die Zinsen des Stiftungsfonds entweder zum Kapital geschlagen oder auch zu wirthschaftlichen Zwecken innerhalb des Vereinsbezirks im Interesse der Gesammtheit der Mitglieder verwendet werden. „Der Stiftungsfonds ist bestimmt zur Förderung der Wirthschaftsverhältnisse der Vereinsmitglieder, darf niemals unter die Mitglieder vertheilt und muß im Falle der freiwilligen Auflösung des Vereins bei der Landwirthschaftlichen Central-Darlehnskasse zu Neuwied oder bei einem sonstigen Geldinstitute pupillarisch sicher verzinslich unter Zuschlag von Zins und Zinseszins so lange angelegt werden, bis ein neuer Verein nach Raiffeisenschen Principien für den dermaligen Vereinsbezirk sich gebildet haben wird. Die Beurtheilung, ob der neue Verein den oben gedachten Bedingungen entspricht, steht dem General-Anwaltschaftsrathe ländlicher Genossenschaften für Deutschland zu Neuwied zu."

Welche Fülle von Segnungen kann von diesem Stiftungsfonds, der gleichsam mit einem ehernen Walle gegen alle Gelüste der Habsucht und Selbstsucht des Einzelnen umgeben ist, zum Wohle des ganzen Vereins unter der sachverständigen, christlich gesinnten Leitung seiner Beamten ausgehen! Er soll in der That die Brunnenstube werden, von der aus Ströme des Segens befruchtend sich ergießen über das ganze Wirthschafts- und Gesellschaftsleben der ländlichen Bevölkerung. Es ist schlechterdings undenkbar — immer unter der Voraussetzung einer auf der Höhe ihrer Aufgabe sich haltenden Leitung —, wie viele Keime des Guten durch diese Einrichtung befruchtet, wie viele schlimme Einflüsse fern gehalten oder wenigstens gemildert, wie viele Fortschritte in der Landwirthschaft herbeigeführt, wie viele Anstalten zur sittlich-religiösen Gesundung der Gemeinden können gefördert werden.

Bei vollster Dankbarkeit für die von den staatlichen Behörden fast überall unseren Zielen zu Theil gewordene kräftige Förderung sind jedoch unsere Vereine bisher mit Recht stolz darauf gewesen, nach allen Richtungen frei und selbständig dazustehen und alle, wenn auch noch so wohlgemeinte Beeinflussung des behördlichen Bureaukratismus von sich fern gehalten zu haben. Denn sie wissen nur zu wohl, daß, wo Werke der freiwilligen Liebesthätigkeit in die Schnürbrust des staatlichen und beamtlichen Formalismus und Schematismus eingezwängt werden, gar manchmal ihre segensvolle Wirksamkeit erheblich beeinträchtigt wird. Unter dieser erdrückenden Umarmung geht ihnen gar oft, so zu sagen, die Lebensluft aus, die Thatkraft erlahmt, die Liebe erkaltet, die Initiative geht verloren. Die großartigen Erfolge z. B., welche die Innere Mission auf so zahlreichen Gebieten aufzuweisen hat, sie wären — das ist wohl das Urtheil aller Einsichtigen — niemals in diesem Umfange zu Stande gekommen, wenn der Staat befehlend, anordnend und bevormundend, nicht aber nur wohlwollend fördernd sich zu ihnen gestellt hätte.

Die Raiffeisenschen Vereine sind, obwohl ihnen das Gegentheil auf dem Gothaer Vereinstage der Schulzeschen Genossenschaften von 1894 zum Vorwurfe gemacht wurde, entschiedene Vertreter der **genossenschaftlichen Selbsthülfe**. Auch wir wollen nach unseren Grundsätzen wie nach unserer stets geübten Praxis aus eigener Kraft durch Schaffung gesunder Organisationen ohne staatliche Beihilfe der bestehenden wirthschaftlichen und sittlichen Noth abzuhelfen suchen. Aber wenn wir den der Hilfe am meisten bedürftigen Armen, den ausgewucherten, in dringendster Geldnoth befindlichen sog. kleinen Leuten zurufen wollten: Helft Euch selbst, organisirt Euch, befreit Euch aus den fesselnden Schlingen!, so wäre das ebenso thöricht, als wenn wir einem im Sumpfe Steckenden zumuthen wollten, an den eigenen Haaren sich herauszuziehen. Nein, „wo das Rad gebrochen ist, da hilft auch die Peitsche des Fuhrmanns nicht mehr," wo dem Armen mit dem geraubten, abgelisteten eigenen Besitze durch die Noth die Thatkraft und die Einsicht in seine Lage verloren gegangen ist, da müssen andere wohlgesinnte, von christlicher Nächstenliebe erfüllte Männer mit ihrem Vermögen und ihrer Einsicht für die Hilfsbedürftigen eintreten und durch Gründung einer Darlehnskasse ihn zu retten suchen. Noch nie ist ein Darlehnskassen-Verein von den Nothleidenden selbst gegründet worden, und es wird und kann solches nicht geschehen, weil es widersinnig sein würde.

Neuerdings hat man nicht ohne Erfolg versucht, unsere Vereine gewissen Sonderbestrebungen dienstbar zu machen; manche derselben sind darum dort unserer großen Vereinigung untreu geworden. Vor allem hat neuerdings die Königlich Bayerische Staatsregierung, offenbar der mächtigen partikularistischen Volksströmung nachgebend, durch Anbietung aller möglichen finanziellen Vortheile es versucht, die weit über 300 zählenden mit Neuwied bisher eng verbundenen bayerischen Darlehnskassen-Vereine von der Centralstelle Neuwied loszureißen. Leider haben einige strebsame, für Orden und Auszeichnungen nicht

unempfängliche Männer es über sich gewonnen, diese bedauerliche
itio in partes und gewissermaßen Selbstknebelung mit allen Mitteln
zu betreiben. Aber siehe da: „Untreue schlägt ihren eigenen Herrn."
Der mit solchem Hochdruck von staatlicher und privater Seite be=
triebene Versuch ist im wesentlichen schon jetzt als gescheitert anzu=
sehen. 284 bayerische Vereine haben, allen Verlockungen zum
Trotze, ihr treues Festhalten an Neuwied und dessen Grundsätzen
ausdrücklich bekundet. Nur eine verhältnißmäßig geringe Zahl von
Vereinen hat sich dazu herbeigelassen, zu dieser spezifisch bayerischen,
im rein staatlichen Fahrwasser segelnden und von der Regierung
unterstützten, aber auch controllirten Organisation sich zusammenzu=
schließen. Verschiedene Preßstimmen aber (s. Bayer. Courir 2c.) sind
schon laut geworden, daß es den abgefallenen bayerischen Vereinen unter
dem bureaukratischen Staatsdruck nicht recht behaglich mehr ist. Vielfach
ertönt in ihren Reihen der Ruf: „Zurück nach Neuwied." Es ver=
dient mit allem Nachdruck hervorgehoben zu werden, daß die General=
Anwaltschaft, einmüthig unterstützt von den ihr angeschlossenen Ver=
einen, treu und fest auf ihrem bewährten Grundsatze der vollsten
Unparteilichkeit verharrend und volle Aktionsfreiheit sich wahrend,
niemals diesen Lockstimmen ihr Ohr geliehen, sondern solche Partei=
Einflüsse und Sonderbestrebungen stets von sich und den von ihr
geleiteten Genossenschaften abgewiesen hat. Darum fand denn auch
auf dem mehrerwähnten Vereinstage zu Köln die treffliche Rede des
katholischen Pfarrers Dr. Franken von Millingen bei Cleve ein=
helligen, stürmischen Beifall, in welcher derselbe es als den schönsten
Vorzug unserer Vereinigung in dieser Zeit der immer schroffer sich
ausbildenden Gegensätze pries, das hier auf neutralem und
interconfessionellem Boden sich alle, die es mit ihrem
Volke wirklich wohl meinten, brüderlich die Hand
reichen könnten zum gemeinsamen Liebeswerke.

Nichtsdestoweniger sind unsere Vereine, wenn sie auch, wie schon
früher erwähnt, die Erörterung aller Politik und Confession auch
nur streifenden Fragen strengstens von ihren Versammlungen aus=
schließen, vermöge ihrer Grundsätze ganz von selbst die fruchtbaren
Pflanzschulen eines maßvollen, echt christlichen Conservatismus und
damit zugleich die festen Stützen wahrhaft kirchlich-religiösen Lebens.
Was der Staat mit seinen unermeßlichen Machtmitteln, so zu sagen,
auf dem Wege der erzwungenen Selbsthilfe auf seinem ureigenen

Gebiete in staunenswerthem Umfange ins Werk zu setzen bestrebt ist, das suchen auf anderen Wegen in unseren Vereinen die „freien Persönlichkeiten", deren Arbeit ja die letzte kaiserliche Botschaft ausdrücklich ihre volle Berechtigung zuerkennt, in den ihnen zugewiesenen Kreisen durch genossenschaftliche Selbsthülfe zu verwirklichen, indem sie freiwillig sich einschränken in die Gebundenheit einer großen Assoziation.

Was nun die weitere Organisation unserer Vereine anlangt, so wird ein jeder von ihnen von einem auf 4 Jahre gewählten, aus dem Vorsteher, dessen Stellvertreter und 3 Beisitzern bestehenden **Vorstande** geleitet. Wie schon oben bemerkt wurde, wird dieser Vorstand aus guten Gründen aus den wohlhabendsten und angesehensten Gliedern der Genossenschaft gebildet, die auf den Vereinsbezirk so zu vertheilen sind, daß sie in ihrer Gesammtheit eine möglichst genaue Kenntniß der Verhältnisse der Bewohner des Vereinsgebiets besitzen. In regelmäßigen Zwischenräumen von 1—4 Wochen, je nach dem Geschäftsumfange, und, wenn nöthig, in außerordentlichen Sitzungen versammelt sich der Vorstand, um im Rahmen der ihm ertheilten besonderen Instruction über die Aufnahme neuer und den etwaigen Ausschluß bisheriger Mitglieder, über die Bewilligung oder Ablehnung erbetener Darlehn je nach der sittlichen und wirthschaftlichen Qualifikation der Darlehnsucher und ihrer Bürgen, über die Anleihung neuer Betriebskapitalien, den Erwerb von Verkaufsprotokollen, den gemeinsamen Bezug von landwirthschaftlichen Bedarfsartikeln sowie den gemeinsamen Verkauf ländlicher Erzeugnisse und andere Vereinsangelegenheiten zu berathen. Die gefaßten Beschlüsse aber werden in das Protokollbuch des Vorstandes eingetragen und von den anwesenden Mitgliedern unterzeichnet.

Hierbei ist zu bemerken, daß jeder Darlehnsucher selbstverständlich Mitglied des Vereins sein muß; seinen Antrag hat er bei einem der Vorstandsmitglieder mit Angabe der Bürgen oder sonstigen Sicherheiten anzubringen und im Falle der Genehmigung den bez. Schuldschein sammt dem oder den Bürgen zu unterzeichnen. Ist er verheirathet, so muß auch die Ehefrau ihre Unterschrift geben, damit kein Geheimniß in Geldsachen zwischen Eheleuten vorhanden sei, zugleich aber der Verein noch größere Sicherheit erhalte.

Dem Vorstande zur Seite steht, in gewisser Weise ihm übergeordnet, der aus 6—9 Mitgliedern bestehende **Aufsichtsrath**, die nächste Controlbehörde des Vorstandes und des Rechners; auch er wird aus den tüchtigsten und bestsituirten Vereinsmitgliedern erwählt. Seine Obliegenheiten bestehen darin, daß er mindestens einmal vierteljährlich die Kassen- und Geschäftsführung des Vereins sowie die Sicherheit sämmtlicher ausstehender Darlehn genau zu prüfen, alljährlich aber wenigstens einmal eine unvermuthete Kassenrevision vorzunehmen und über die Ergebnisse dieser Prüfungen dem Vorstande Kenntniß zu geben, nöthigenfalls auch Anweisungen zu ertheilen hat.

Ob der Geistliche selbst als Vorsteher an die Spitze des Vereins sich stellen oder eventuell nur das wichtige Amt eines Vorsitzenden des Aufsichtsraths übernehmen solle, wird von der nüchternen Beantwortung der Frage abhängen, ob der betreffende Geistliche persönlich wirklich praktischen Blick und geschäftliche Gewandtheit besitzt oder nicht, sodann ob nicht in dem Hauptorte des zu bildenden Vereins eine andere Persönlichkeit sich findet, welche die für die ersprießliche Führung des Vorsteheramts nöthigen Eigenschaften hat. Ist aber das letztere der Fall, so wird dem Pfarrer unbedingt zu rathen sein, nur die Stelle eines Vorsitzenden oder unter Umständen auch Beisitzers des Aufsichtsraths anzunehmen.

Fragt man aber vielleicht bedenklich: Gibt es auf dem Lande in einem derartig eng begrenzten Vereinsbezirke überall die für die Besetzung dieser wichtigen Vereinsämter nöthigen intelligenten und gemeinnützig denkenden Persönlichkeiten? so ist dies ohne weiteres zu bejahen. Sind überdies nur der Vorsteher, der Rechner und der Vorsitzende des Aufsichtsraths einsichtige und tüchtige Männer, so ist damit schon die Gewähr für die gute Leitung des Vereins gegeben. Uebrigens schreibt schon der 1790 verstorbene berühmte Apostel der Freihandelstheorie Adam Smith, auf den doch sonst das freisinnige Manchesterthum heute noch schwört: „Die ländliche Arbeit erfordert viel mehr Geschicklichkeit und Umsicht als die meisten Handwerke. Trotzdem wird der gewöhnliche Bauer für ein Muster von Einfalt und Dummheit angesehen. Allerdings ist er weniger an geselligen Umgang gewöhnt als der in der Stadt wohnende Handwerker oder Fabrikarbeiter. Seine Stimme und Sprache ist rauher und für denjenigen, der nicht daran gewöhnt ist, schwerer zu verstehen; aber sein Verstand, der sich täglich mit einer größeren Mannigfaltigkeit von Gegenständen beschäftigen muß, ist in der Regel dem der anderen, deren ganze Aufmerksamkeit vom Morgen bis zum Abend an eine oder zwei höchst einfache Verrichtungen gefesselt ist, weit überlegen."

Mindestens alle 2 Jahre, in der That aber fast ausnahmslos alljährlich, findet durch von der General-Anwaltschaft besoldete, von der Behörde bestätigte wohlgeschulte Revisoren gegen die sehr mäßige Vergütung von 20 Mk., die bei staatlich angeordneten Revisionen oft das Doppelte und Dreifache beträgt, eine amtliche höchst sorgfältige Prüfung der Geschäftsbücher, der Kasse, der ganzen Geschäftsführung des Vereins statt. So sind Verluste, durch Leichtsinn oder gar Betrug der Vereinsbeamten herbeigeführt, so gut wie unmöglich gemacht.

Die alljährlich im Frühjahre und Herbste einzuberufende Generalversammlung aller Vereinsmitglieder endlich hat unter dem Vorsitze des Vereinsvorstehers die Wahlen der Beamten vorzunehmen, dem Vorstande, bezüglich Rechner, hinsichtlich der Jahresrechnung eventuell Entlastung zu ertheilen, über die Vertheilung des Reingewinns und die Höhe der Dividende und deren Verwendung Beschluß zu fassen, den Zinsfuß für Anlehn und Darlehn, die dem Rechner zu gewährende feste Besoldung zu bestimmen und etwaige Streitigkeiten über Vereinsangelegenheiten endgültig zu schlichten.

Der auf 4 Jahre gewählte Rechner führt gegen eine mäßige, bestimmte Vergütung, die je nach dem Geschäftsumfang der einzelnen Vereine zwischen 50 und 200 Mark schwankt, Bücher und Kasse und ist dem Verein für pünktliche Geschäftsführung und für die Vereinsgelder verantwortlich, hat auch dieserhalb bei seiner Anstellung entweder einen zahlfähigen Bürgen oder eine angemessene Kaution zu stellen. Für dieses Amt, von dessen Verwaltung das Gedeihen des Vereins großentheils abhängig ist, den rechten Mann zu gewinnen, ist von größter Wichtigkeit; zumeist sind es die Lehrer, die sich ihm bereitwillig unterziehen und bei ihrer leider oft recht geringen Besoldung diese nicht ganz unbedeutende Vermehrung ihrer Einnahmen meist sehr gern willkommen heißen.

Das Betriebskapital des Vereins wird durch Anlehn bei den Mitgliedern oder nöthigenfalls auch bei Nichtmitgliedern, durch Spareinlagen, die, um den Sparsinn zu wecken, meist schon in den kleinsten Beträgen (Pfennig- und Jugendsparkassen*) angenommen werden, und durch Geschäftsantheile beschafft. Der häufig gegen die Raiffeisen'schen Kassen erhobene Einwand, daß es, zumal in armen Gegenden, nicht möglich sein werde, die nöthigen Betriebsmittel aufzubringen, wird durch die einfache Thatsache entkräftet, daß unsere Vereine zufolge des großen Vertrauens, das man ihnen überall entgegenbringt, im allgemeinen nach kurzem Bestehen eher über allzugroßen Geldzufluß als über Geldmangel zu klagen haben. Wo aber im Anfang eine Darlehnskasse doch in Geldverlegenheit kommen sollte, oder wo mit den Jahren die Spareinlagen in die Vereinskasse das Creditbedürfniß der Vereinsmitglieder übersteigen, da tritt unter bestimmten Bedingungen in der entgegenkommendsten Weise die **Landwirthschaftliche Central-Darlehnskasse für Deutschland** zu Neuwied ein. Sie nimmt jederzeit Vereinsgelder in jeder beliebigen Höhe an und verzinst sie vom Tage der Darleihung an zu dem für die heutigen Geldverhältnisse überaus hohen Zinsfuße von $3^3/_4$ bez. $3^1/_2 \%$, während sie an geldbedürftige Vereine die gewünschten Summen zu $3^9/_{10}$ bez. $4^1/_4 \%$ ausleiht, also mit einer Zinsspannung von durchschnittlich nur $^1/_2 \%$. Sie ist eine Aktiengesellschaft, bei welcher die Darlehnskassenvereine sich mit Zeichnung je einer Aktie von 1000 Mark betheiligen, von welchen jedoch gewöhnlich nur 250 Mark eingezahlt werden, während für die übrigen 750 Mark der betreffende Verein haftbar bleibt. Diese Kasse hat überhaupt die Bestimmung, den zeitweiligen Geldüberfluß oder Geldmangel bei den einzelnen Vereinen zu regeln und auszugleichen. Sie gleicht den großen Sammelbecken, die in der Zeit der Schneeschmelze und der Regengüsse von allen Seiten die überschüssigen Gewässer aufnehmen, um sie in der Zeit der Dürre an die durstigen Wiesen und Aecker in Hunderten von Rinnsalen in weiser Vertheilung wieder abzugeben. Um so dringender aber muß allen unseren Genossenschaften die Verbindung mit dieser ausgezeichnet verwalteten, vorzüglich fundirten und jede irgend mögliche Sicherheit bietenden Creditanstalt anempfohlen werden, als dieselbe lediglich zum Besten der ländlichen Genossen-

---

*) Bei dieser Gelegenheit sei die schon früher an die bewährte Leitung der 3000 deutschen Jugendsparkassen gerichtete Mahnung aufs dringendste wiederholt, daß diese trefflichen Anstalten in organischer Entwickelung womöglich überall, wenigstens auf dem Lande, zu **Darlehnskassen** sich umgestalten und erweitern und so in noch weit höherem Maße als bisher dem Wohle des Volkes dienstbar gemacht werden möchten.

schaften ins Leben gerufen worden ist, und ihr ganzer Rein=
gewinn zum Wohle der Gesammtheit der Vereine zu
einem für immer untheilbaren, gemeinschaftlichen Ver=
mögen angesammelt wird. Im Jahre 1891 hat sie bereits
einen Jahresumschlag von 12 Millionen, 1892 von 16, 1893 von 22
und 1894 von 28 Millionen Mark gehabt und besitzt zur Zeit einen
Reservefonds von nahezu 200,000 Mark. Ihr oberster verantwort=
licher Leiter, General=Anwalt Direktor Cremer, und seine lang=
jährigen, treu bewährten Kassenbeamten, verdienen uneingeschränktes
Vertrauen. Dank der selbstlosen Arbeit ihrer Beamten, die bei an=
gestrengtester Thätigkeit mit einem auffallend niedrigen Gehalte im
Interesse der guten Sache sich begnügen, betragen die sämmtlichen
Verwaltungskosten dieser Kasse jährlich noch nicht einmal 1 pro
Mille des Umschlages. Um jedoch theils die leitende Centralstelle
einigermaßen zu entlasten, theils den Geld= und Geschäftsverkehr
mit den einzelnen Provinzialverbänden und Vereinen thunlichst zu
erleichtern, sind gemäß Beschluß des Aufsichtsraths Filialen der
Landwirthschaftlichen Central=Darlehnskasse und der Firma Raiffeisen
und Consorten. errichtet worden. Die Filiale Cassel (Regierungsbezirk
Cassel) leitet als Direktor Verbandsanwalt und Rittergutsbesitzer
Reyerodt; die Filiale Erfurt (Provinz Sachsen, Thüringen
und Königreich Sachsen) Gutsbesitzer C. Klattenhoff; die Filiale
Königsberg in Preußen (Provinzen Ost= und Westpreußen)
Verbandsanwalt Rittergutsbesitzer Knauff; die Filiale Straß=
burg im Elsaß (Elsaß=Lothringen) Dr. jur. Strauven; die
Filiale Wiesbaden (Nassau und rechtsrheinischer Theil des
Großherzogthums Hessen) Adolf Dietrich; die Filiale Wachen=
heim (Rheinpfalz und linksrheinischer Theil des Großherzog=
thums Hessen) Verbandsanwalt Weingutsbesitzer Friedrich Böhm-
Wachenheim; die Filiale Berlin (Provinz Brandenburg, Posen und
Pommern) Dr. Walter Kampf und die Filiale Nürnberg (König=
reich Bayern ohne die Pfalz) Rittergutsbesitzer Freiherr v. Mengers=
hausen Schloß Herrnried. Bereits haben gegen 1550 Vereine,
von denen allein 260 im Jahre 1894 beigetreten sind, als Aktionäre
an die Landwirthschaftliche Central=Darlehnskasse sich angeschlossen,
die übrigen aber werden gewiß bald folgen.

Die einheitliche Spitze jedoch dieser musterhaften, wahrhaft großartigen Organisation bildet die General=Anwaltschaft länd=

licher Genossenschaften für Deutschland zu Neuwied. Sie leitet, berathet, vertritt in uneigennütziger Weise die dem General-Anwaltschaftsverbande angehörenden Vereine; sie ist mit Erfolg eifrigst bestrebt, immer neue Genossenschaften nach Raiffeisenschen Prinzipien zu gründen und in ihnen allen den rechten genossenschaftlichen Geist zu pflanzen und zu erhalten. Sie bildet und entsendet ihre Revisoren zur Prüfung der Geschäftsführung der Vereine, sie leitet die großen alljährlichen Vereinsversammlungen und gestaltet sie zu imposanten Kundgebungen einmüthigen, treuen Zusammenwirkens; sie ist mit einem Worte die **allzeit fürsorgende, opferbereite Mutter der Vereine**.

Eben diese General-Anwaltschaft vermittelt auch durch ihre „Abtheilung für gemeinschaftliche Bezüge" sämmtlichen mit ihr verbundenen Genossenschaften in staunenswerthem Umfange den Ankauf landwirthschaftlicher Bedürfnisse — Dünge- und Kraftfuttermittel, Kohlen, Saatgut, landwirthschaftliche Maschinen rc. — zu Preisen und in einer Beschaffenheit, wie sie im Einzeleinkaufe nicht entfernt zu haben sind. Bis Ende 1894 wurden allein z. B. mehr als 3 Millionen Centner Dünge- und Futtermittel, gegen 15000 Doppel-Waggons = 2968400 Centner Kohlen im Gesammtwerthe von 14359000 Mark durch Vermittelung dieser Centralstelle von den Vereinen bezogen. Unzweifelhaft sind es darum Millionen, welche den Genossenschaften beim Einkaufe durch die General-Anwalschaft direkt und baar erspart werden; noch weit höher dürfte sich aber der indirekte Gewinn aus diesen Geschäften deshalb belaufen, weil ihnen durchaus reelle Waare geliefert wird, die wiederum für den Ausfall der Ernte und den Wirthschaftsbetrieb offenbar von größter Bedeutung ist. Die mit der Centralstelle zu Neuwied verbundene Firma: „Raiffeisen u. Cons.", welche den Zwecken der Organisation der Vereine schon mehr als 50,000 Mark aus ihren Erträgen geopfert, hat sich durch notariellen Vertrag verpflichtet, „**den Gewinn nicht unter die Gesellschafter zu vertheilen**, sondern abzüglich der Kosten und nach Deckung etwaiger Geschäftsverluste zur **Ansammlung eines Reservefonds, einer Pensionskasse für die Beamten der General-Anwaltschaft** und namentlich auch zur Gründung und Förderung von streng auf Raiffeisenschen Grundsätzen stehenden Darlehnskassen-Vereinen zu verwenden."

Gerade wegen dieser überaus segensreichen, gemeinnützigen und selbstlosen Thätigkeit der Firma Raiffeisen u. Conj. müssen wir es lebhaft beklagen, daß gegenwärtig z. B. der Rheinische Bauernverein unter der Führung seines Vorsitzenden, des Freiherrn von Loë, immer erneute Angriffe gegen Neuwied und dessen Organisation, insbesondere auch gegen die genannte Firma richtet. Gegenüber allen diesen Anfeindungen verschiedener Concurrenzverbände möchten wir die von Dr. Thiel in seiner bekannten Schrift aufgeworfene Frage zu der unsrigen machen: „Ist es nöthig, daß jede neue Organisation damit anfängt, heftige Angriffe gegen Neuwied zu richten, statt mit ihm zu wetteifern, wer die besten Leistungen auf die Dauer aufweisen wird?"*)

Die Inhaber dieser nur zum Besten der Raiffeisenschen Organisation wirkenden Firma sind zur Zeit General=Anwalt Cremer, Fräulein Raiffeisen, Dr. Kircharz in Unkel, Vorsitzender des General=Anwaltschaftsraths und Aufsichtsraths der Landwirthschaftlichen Central=Darlehnskasse, und Dr. Martin Faßbender in Ibbenbüren, der hochverdiente Leiter der Raiffeisenschen Bewegung in Westfalen. Ihre Namen geben die volle Gewähr für die Tüchtigkeit und die Selbstlosigkeit der Firma.

Die dem General=Anwaltschaftsverbande angeschlossenen Vereine, zur Zeit 1600, die aber nach den Erfahrungen der letzten Jahre in kurzer Zeit noch um Hunderte sich vermehren werden, gruppiren sich nach ihrer geographischen Lage in 20 Provinzialverbände, an deren Spitze unbesoldete Verbandsanwälte stehen. Die letzteren bilden im Verein mit einer Reihe von Männern in den verschiedensten zum Theil hervorragenden Lebensstellungen den General=Anwaltschaftsrath behufs Berathung und Beschlußfassung über wichtige Vereinsangelegenheiten. Er ist es auch, der die leitenden Beamten der General=Anwaltschaft und der Central=Darlehns=kasse zu ihren wichtigen Aemtern beruft oder auch aus diesen ent=

---

*) Die während des Druckes dieser Schrift mehrfach in evangelischen Kreisen ausgestreute Verdächtigung, als diene unsere Organisation im geheimen ultramontanen Zwecken, muß Verfasser, heraus aus jahrzehnte langer genauer Kenntniß aller einschlägigen Verhältnisse, mit Entschiedenheit als eine in jeder Beziehung unbegründete und thörichte zurückweisen. Wo — entsprechend der Verbreitung unserer Vereine in Deutschland neben 17 Katholiken 18 überzeugt evangelische Männer im General=Anwaltschaftsrathe und Aufsichtsrathe der Neuwieder Centralstelle sitzen, wo 8 evangelische Geistliche neben nur 6 katholischen das Amt eines Verbandsanwalts bezüglich Verbandsdirektors bekleiden, wird schon durch diese Zahlen bewiesen, daß stets und überall in Neuwied mit peinlicher Gewissenhaftigkeit der Standpunkt voller Parität auch in confessioneller Beziehung gewahrt wird.

läßt, wenn es nöthig sein sollte. Die Aufgabe der Verbandsanwälte aber ist es vor allem, die General=Anwaltschaft in ihren Maßnahmen zum allgemeinen Besten kräftig zu unterstützen, in ihren Bezirken den rechten genossenschaftlichen Geist, brüderliche Opferwilligkeit und wahre Pflichttreue zu pflegen; zur Bildung neuer Vereine anzuregen, die Unterverbandsdirektoren der ihnen unterstellten Bezirke zu be= rathen und bei den Jahresversammlungen ihres Provinzialverbandes den Vorsitz zu führen.

Der Genesungsprozeß.

Haben wir das empfohlene Heilmittel in seiner Zusammensetzung und zum Theil auch in seinen Wirkungen kennen gelernt, so erübrigt noch, den dadurch herbeizuführenden Genesungsprozeß zu verfolgen. Die Krankheit ist eine doppelte, eine materielle und eine sittliche. So muß auch die Arznei nach diesen beiden Seiten hin ihre Wirkung äußern. Wie sehr dies bei den Raiffeisenschen Vereinen der Fall ist, soll jetzt erwiesen werden.

Das Ziel unserer Vereine, wie es Vater Raiffeisen lebenslang vor Augen gehabt und wie es alle seinen Namen tragenden Vereine sich stets zur Aufgabe gemacht haben, ist die **sittliche Hebung durch weise Förderung ihrer leiblichen Wohlfahrt**. Dies geht sowohl aus den alten wie aus den auf Grund des neuen Ge= nossenschaftsgesetzes vom 1. Mai 1889 neu redigirten Normalstatuten unserer Genossenschaften unwiderleglich hervor. Denn in § 2 der= selben heißt es: „Der Verein hat den Zweck, die Verhältnisse seiner Mitglieder in jeder Beziehung zu verbessern . . . . Es soll bei der ganzen Geschäftsführung des Vereins stets im Auge behalten werden, **daß durch die materielle Hebung der Ver= hältnisse der Vereinsmitglieder hauptsächlich auch die sittliche Hebung der letzteren bezweckt wird.**" Mit vollem Rechte sagt darum Oberregierungsrath Dr. Thiel in seiner schon mehrfach erwähnten Schrift: „Sein letztes und Hauptziel war die sittliche Besserung aller Menschen; die ökonomischen, wirthschaftlichen Aufgaben der Genossenschaften waren ihm nur Mittel zum Zweck, einmal weil er Welterfahrung genug besaß, um zu wissen, daß nichts der Sittlichkeit mehr Abbruch thut als Noth und Elend, und daß der in materiellen Bedrängnissen lebende Mensch vielen Versuchungen leichter unterliegt als derjenige, dessen Existenz eine gesichertere ist. Dann aber und vor allem hat er sich dem Genossenschaftswesen zugewandt, weil er in ihm die **beste Schule der sittlichen Vervollkommnung durch die Ertödtung der Selbstsucht in opfervoller genossenschaftlicher Wirksamkeit** erblickte."

Wie nun wird zuvörderst diese sittliche Hebung zu erreichen gesucht?

Auf dem Lande scheiden sich Reich und Arm oft viel schärfer, als in der Stadt, ja der Wohlhabende und wirthschaftlich Stärkere spricht nicht nur häufig hartherzig mit Kain im Angesicht der Noth seiner darbenden Brüder: „Soll ich meines Bruders Hüter sein?" sondern beutet wohl gar diese Noth zu seinem Vortheile aus. Um so mehr ist es von hohem sittlichen Werthe, wenn gerade die Begüterten auf dem Lande durch unsere Vereine angeregt werden, einen Theil ihrer Kraft und Zeit, ihrer Intelligenz und ihres Vermögens, insofern sie letzteres der Vereinskasse gegen volle Sicherheit vorstrecken, oder für ärmere Vereinsgenossen unter Umständen Bürgschaft leisten, der Genossenschaft uneigennützig zur Verfügung zu stellen. Denn durch diese Handreichung christlicher Nächstenliebe wird die tiefe Kluft zwischen Reich und Arm, Vornehm und Gering, die auch auf dem Lande immer drohender sich erweitert, am schnellsten ausgefüllt, werden am leichtesten die verbitterten Gemüther ausgesöhnt.

Der moralischen Hebung der Vereinsmitglieder dient es ferner ganz offenbar, daß unsere Kassen einerseits durch die von ihnen gebotene bequeme Gelegenheit, Ersparnisse selbst in den kleinsten Beträgen sicher und verzinslich anzulegen, andrerseits aber für ihre Schuldner, durch die Nöthigung, zu bestimmten Zeiten in im voraus festgesetzter Höhe Abschlagszahlungen zu leisten, zu **Sparsamkeit, Ordnung, Pünktlichkeit, Fleiß und Mäßigkeit** ganz von selbst anleiten, zu Tugenden also, die unserem Volke in weiten Kreisen in den letzten Jahrzehnten mehr oder weniger abhanden gekommen sind.

Eine sichere Bürgschaft dafür aber, daß der Vereinskasse entliehene Gelder nicht etwa zu unnützen oder direkt unsittlichen Zwecken gemißbraucht werden, bietet die weise Bestimmung, daß der Darlehnssucher stets genau den Zweck, dem diese Summe dienen soll, anzugeben, hingegen der Vorstand im Falle der Bewilligung die Erreichung dieses Zweckes zu überwachen hat.

Eine nicht minder heilsame Einrichtung unserer Vereine besteht darin, daß sie von vornherein alle wirklich unsauberen Elemente streng von der Mitgliedschaft fern halten, aber auch solche Vereinsgenossen, die ungeachtet aller Warnungen von ihrem unmoralischen Lebenswandel nicht lassen, unnachsichtig der Mitgliedschaft verlustig erklären.

Und welch hoher Gewinn für das Reich Gottes, welche Freude für den Menschenfreund ist es, wenn, wie es ja schon unendlich oft geschehen, der Verein durch seine weise gewährte Hülfe ein armes Opfer des Wuchers aus seinen schmachvollen Fesseln befreit, einen jungen Anfänger zum fröhlichen Schaffen und sorgsamen Sparen angeleitet, einen am Rande des Bankerotts Stehenden wieder auf eigene Füße gestellt hat! Wie wächst dem also Geretteten der Muth, ein neues Leben zu beginnen! wie gewinnt der früher Verzweifelte von neuem fröhliches Vertrauen zu Gott und Menschen!

Stellen sich nun die ländlichen Darlehnskassen die sittliche und wirthschaftliche Hebung der Vereinsgenossen zur Aufgabe, so liegt nahe, daß sie vermöge ihrer Einrichtungen sehr wohl befähigt sind, die gerade auf dem Lande fast überall gänzlich im Argen liegende Armenpflege zu reformiren und zu wirklich gesegneter Wirksamkeit zu führen. Der Veranstaltungen, durch welche theils der gänzlichen Verarmung vorgebeugt, theils die schon eingetretene Armuth so bekämpft werden kann, daß sich der Arme aus ihr zu freier, selbstständiger Thätigkeit herauszuarbeiten vermag, sind ja außerordentlich wenige. Die Verarmung aber schreitet auch auf dem Lande bei der dauernd ungünstigen Lage der Landwirthschaft und des kleinen Handwerks in wahrhaft erschreckender Weise weiter und wird, wenn nicht bald wirksame Abhülfe geschafft wird, ungezählte Schaaren der Socialdemokratie und dem Atheismus auch aus der ländlichen Bevölkerung in die Arme treiben. Wahrlich, es ist Gefahr, höchste Gefahr im Verzuge! Hat doch der socialdemokratische Generalstab auf seinem letzten Parteitage in Halle es als sein mit allen Mitteln zu erstrebendes Ziel bezeichnet, die von den socialistischen Irrlehren verhältnißmäßig noch wenig berührte ländliche Bevölkerung durch unausgesetzte, planmäßige Agitation ins socialdemokratische Lager zu treiben. Und doch kann nicht ernst genug auf die Wahrheit des Wortes hingewiesen werden:

> „Halb nur hilft dem Armen die tägliche
> Gabe des Reichen;
> Hilf ihm, daß er sich selbst helfe, so hilfst
> du ihm ganz."

Die höchste Wohlthat, die man im vollen Einklang mit dem Wort der Schrift: „So jemand nicht will arbeiten, der soll auch nicht essen," dem erwerbsfähigen Armen erzeigen kann, ist zweifellos Zuweisung und Ermöglichung lohnender Arbeit. Sie hebt den Empfänger in den eigenen Augen und in denen seiner Mitmenschen, während das bloße Almosen nur beschämt, erniedrigt und erschlafft. Denn „leichtsinnige Almosengeber sind die ärgsten Feinde des Armen" (W. Roscher). Doch um arbeiten und verdienen zu können, bedarf der gänzlich Mittellose oder in Gefahr völliger Verarmung Stehende Werkzeuge, Rohstoffe, Saatgut u. s. w. in größeren Posten und aus billigen Bezugsquellen. Diese Bedürfnisse freilich als Geschenk, als Almosen dem Bedürftigen darzureichen, würde sittlich bedenklich und praktisch unausführbar sein, da weder den staatlichen, noch den kommunalen, noch auch den freiwilligen Armenkassen so bedeutende Mittel zu Gebote stehen. Da empfiehlt es sich nun, daß bei kleineren Beträgen die Armenkasse, bei größeren aber in Landgemeinden die Darlehnskasse unter Darbietung der nöthigen Bürgschaften zum üblichen Zinsfuße dem Bedürftigen, unter sorgsamer Ueberwachung der Verwendung zu dem bestimmten Zwecke, das Geld auf kürzere oder längere Zeit vorstrecke und auf pünktliche Rückzahlung halte.

Man wende mir nicht ein, daß es in den weitaus meisten Fällen ganz unmöglich sei, für die Sicherheit jener Rückzahlungen genügende Bürgschaften zu finden. Nicht selten sind es etwas besser gestellte Verwandte, Freunde, Hausgenossen, Nachbarn oder Arbeitsherren, welche, obgleich selbst oft nicht in der Lage, das Geld baar darzuleihen, doch um so williger Bürgschaft leisten, als sie ja den so Unterstützten fortwährend in seinem Verhalten und in seinem Erwerbe kontrolliren können, auch meist ein sehr naheliegendes Interesse an seiner materiellen wie moralischen Hebung haben.

Das für Preußen bereits seit Frühjahr 1891 in Kraft getretene

Gesetz betreffend „die Errichtung von Rentengütern" wird für die größeren und mittleren Grundbesitzer, die zur Erhaltung ihres Erbes Gebrauch von ihm machen wollen, allerdings zunächst eine Erschwerung der Aufnahme von Hypotheken auf ihren Besitz herbeiführen und sie deshalb nöthigen, auf anderem Wege als durch Bodenkredit-Institute die zum Betrieb ihrer Wirthschaft nöthigen Kapitalien sich zu verschaffen. Da nun werden die ländlichen Darlehnskassen vor allem berufen sein, diese Lücke auszufüllen und das gesunde Geldbedürfniß dieser Kreise zu befriedigen. Andrerseits wird die durch dieses Gesetz gegebene Möglichkeit, einen allzu ausgedehnten Grundbesitz angemessen zu verkleinern, und durch Schaffung von kleineren Rentengütern fleißigen Arbeitern zu eigenem Besitze zu verhelfen, viel Segen stiften und gar viele Glieder der bisher unaufhaltsam von Osten nach Westen strömenden Arbeiterbevölkerung Deutschlands zum Heile des Volkes wieder seßhaft machen können. Auch das neue Reichsgesetz über **Invaliditäts- und Altersversorgung** vom 22. Juni 1889 wird die Personalkreditfähigkeit der kleinen Leute auf dem Lande ganz außerordentlich mehren und damit die Möglichkeit, ihnen durch unsere Kassen auch in schwer bedrängten Lagen Hülfe zu bringen. Um welche Zahlen es sich hierbei handelt, zeigt sich darin, daß nach der Berufsstatistik von 1882 neben 2 500 000 mitthätigen Familienangehörigen der Landwirthe und 53 000 Verwaltern, Hofmeistern u. s. w. und Hunderttausenden forstwirthschaftlicher Arbeiter an Tagelöhner-Familien 1 500 000, an Knechten und Mägden aber 1 870 000 allein auf dem Lande im Deutschen Reich an den Segnungen dieser Einrichtungen theilnehmen werden. Erhöht doch z. B. schon der Bezug einer Unterstützung von je 50 Mark aus der Waisenanstalt für ein schulpflichtiges Waisenkind im Großherzogthum Weimar den Credit einer armen Wittwe bei Geschäftsleuten und Darlehnskassen ganz erheblich, weil man, zumal auf dem Lande, die Erfahrung macht, daß feste, wenn noch so kleine Einnahmen auf die Lebensführung der Empfänger den vortheilhaftesten Einfluß materiell und sittlich ausüben. Darum läßt sich die gleiche Wirkung für den alternden ländlichen Tagelöhner und Dienstboten theils von der sicheren Aussicht auf eine Rente im Falle der späteren Arbeitsunfähigkeit, theils von der wirklichen Zahlung dieser Rente mit voller Bestimmtheit erwarten.

Wäre aber eine der genannten Sicherheiten durchaus nicht zu beschaffen, nun, so wage es der Armenpflegschaftsrath, oder welchen

Titel er sonst führen mag, in Gottes Namen, solchen wirklich hart Bedrängten und sonst rettungslos Versinkenden, wenn sie nur die nöthigen sittlichen Eigenschaften hierzu nicht ganz vermissen lassen, auf eignes Risiko Summen bis etwa 50 Mk. unter seiner eignen Bürgschaftsleistung oder Darbietung anderer reeller Sicherheiten für die oben genannten Zwecke der Darlehnskasse zu entlehnen. Diese letztere darf natürlich unter keinen Umständen einen Verlust erleiden. Aber die Erfahrung lehrt es tausendfach, daß gerade solche Gelder, wenn nicht immer ganz pünktlich, so doch fast immer sicher zurückgezahlt werden. Vertrauen erweckt wieder Vertrauen; der also Unterstützte fühlt sich geehrt, moralisch gehoben und zur Arbeit ermuthigt und setzt seine Ehre darein, nicht nur mit diesem ihm gewährten Darlehn sich wirthschaftlich emporzuhelfen, sondern auch seinen Verpflichtungen gegen die gütigen Vermittler desselben nachzukommen.

Und sollte wirklich einmal unter 10 Fällen der Armenkasse solch ein Kapital verloren gehen: sind nicht die Aufwände für die eigentlichen A l m o s e n, die in das Meer des socialen und sittlichen Elends so oft ohne Plan und Ziel und ohne allen nachhaltigen Gewinn hineingeworfen werden, ja, die im Grunde nur die Trägheit, den Leichtsinn und die Frechheit großziehen, gegenüber diesen möglichen kleinen Verlusten unermeßlich größere? Können aber solch immerhin kleine und seltene Verluste in Betracht kommen neben dem großen Segen, den das in barmherziger Liebe und schönem Vertrauen gewährte Darlehn in den meisten Fällen stiftet? Wenn die ungeheuren Summen, die alljährlich lediglich für kommunale Armenunterstützung aufgewendet werden,*) — nur etwa zu einem Drittel zu solchen Arbeitsunterstützungen und kleinen Darlehn an Bedrängte unter den oben genannten Kautelen Verwendung fänden, wie viele arbeitsscheue Bettler und Vagabunden würden verschwinden, wie viele Tausende sonst hülflos vorkommender Familien würden vor dem materiellen und sittlichen Untergang bewahrt, wie viele sonst verlorene Existenzen würden der Gemeinde, dem Staate, der Kirche, dem Reiche Gottes zurückgewonnen werden!

Faktisch betrugen die Aufwände für ö f f e n t l i c h e Armenpflege pro 1885 in Deutschland 90 Millionen Mark, d. h. für den Kopf der Bevölkerung 1,93 Mk., in England über 300 Millionen Mark, in Italien über 170 Millionen Mark, in Frankreich 126 Millionen Mark, in den Niederlanden über 20 Mill. Mark.

Freilich erfordern alle solche Einrichtungen, wie bereits bemerkt, eine individuelle Seelen- und nicht bloß Leibespflege, und zu dieser gehört vor allem ein Herz, das in erbarmender Liebe schlägt für den darbenden Bruder. Gerade diese Liebe zu wecken und zu pflegen, sind die Raiffeisenschen Vereine vorzugsweise berufen, so wenig sie ihrem ganzen Charakter nach Armenkassen sein und werden dürfen. Die natürliche und erfolgreiche Verbindung zwischen Darlehnskasse und Armepflegekasse ist überdies schon dadurch gewährleistet, daß in ländlichen Verhältnissen sicher einige Mitglieder des Vorstandes der einen zugleich Vorstände der anderen sein werden.

Der riesengroß anwachsenden Fluth der Socialdemokratie würde so am wirksamsten ein mächtiger Damm entgegengeworfen werden. Ja, es erweist gerade bei der Armenpflege und der liebevollen Fürsorge der Darlehnskassen-Vereine für die schwachen und bedrängten Glieder unseres Volkes jene Parabel ihre tiefe Wahrheit, nach der einem im Walde unter der Last seines Holzbündels fast erliegenden armen Greise ein kräftiger Jüngling sich naht; flehentlich bittet ihn der Alte, ihm seine Last nur eine kurze Strecke zu tragen. Doch der Jüngling führt den Erschöpften zu einer Ruhebank, heißt ihn das Bündel ablegen und stärkt ihn mit Speise und Trank. Darauf geht er mit freundlichem Abschiedsgruße von dannen. Seufzend und murrend über des Jünglings vermeintliche Hartherzigkeit nimmt der Greis die Bürde wieder auf; aber siehe, jetzt wird ihm, dem Erquickten und Ausgeruhten, die Last so viel leichter als vorher; fast ohne Beschwerde trägt er sie in seine Hütte und erkennt, daß ihm in der That viel Besseres gewährt worden ist, als er zu bitten gewagt hatte.

Wer je mit wirklich Armen, namentlich mit in Wucherfesseln Schmachtenden in nähere Beziehung getreten ist, dem muß die stumpfe und dumpfe Gleichgültigkeit und thatenlose Schlaffheit, mit der solche Unglückliche ihr vermeintlich unabwendbares Geschick über sich ergehen lassen, ja vielleicht im Branntweinglase das Elend des Daseins zu vergessen suchen, als der Punkt erscheinen, wo vor allem der Hebel thatkräftiger Hülfe anzusetzen ist. Es gilt zuerst, diesen verhängnißvollen Fatalismus zu überwinden, wieder neuen Muth, neue Arbeitslust, neues Vertrauen auf den Herrn, auf ihre Mitmenschen und auf die eigene Kraft in die armen Herzen zu gießen, das Bewußtsein der eigenen Verantwortlichkeit für sich und für ihre

Familien neu zu beleben und mit weiser, aber auch fester Hand sie auf den Weg der Rettung zu leiten. Welche Anstalten und Einrichtungen aber wären hierzu geeigneter als gerade die Raiffeisenschen Darlehnskassen, in denen leibliche und sittliche Hülfe so eng sich verbinden?

Immer lauter und immer häufiger hört man in unsern Tagen aus dem Munde sonst warmherziger Volksfreunde, Geistlicher und Laien, die berechtigte Klage, daß ihnen so gar kein Zugang zu den verbitterten Herzen mehr offen stehe. Nun, hier ist der Schlüssel uns in die Hand gegeben, der viele, viele Herzen aufzuschließen vermag, hier ist die Brücke, die über den reißenden Strom der socialen Gegensätze hinüber geschlagen werden kann zu der tausendfachen Noth unseres Volkes, hier die Saite, deren Ton in den Tiefen der Volksseele am ersten freudigen Widerhall findet.

Und wo die Gegensätze zwischen den politischen Parteien und den Konfessionen sich immer mehr verschärfen, so daß man nur mit schwerer Sorge an die Zukunft unseres Vaterlandes denken kann: wie freudig müßten es alle wahren Volksfreunde und lebendigen Christen begrüßen, wenn durch diese Vereinigungen gewissermaßen ein neutraler Boden und ein Friedensort geschaffen ist, wohin der Lärm des Tages nicht dringt, und wo unter grundsätzlicher strenger Abweisung aller Streitfragen der Politik und der Konfession alle, die ihr Volk und ihren Heiland lieb haben, sich brüderlich die Hand reichen können zur gemeinsamen Liebesarbeit.

Die wirthschaftliche Gesundung.

Die Raiffeisenschen Darlehnskassen sind unserem Landvolke, das einen so wichtigen Faktor im staatlichen Organismus bildet und immer der Grundpfeiler eines gesunden Staatswesens bleiben wird, wie der frühere Regierungspräsident Rothe in Cassel, der verständnißvolle und einflußreiche Gönner und Förderer unserer Vereine in Hessen, in einer bedeutsamen Rede zu Gunsten unserer Kassen es unlängst aussprach, „so recht eigentlich auf den Leib zugeschnitten."

Sie sind es, die sowohl den in augenblicklicher Geldverlegenheit Befindlichen auf die bequemste Weise gegen die unerläßlichen Sicherheiten größere oder kleinere Kapitalien auf längere oder kürzere Fristen zu billigem Zinsfuße vorstrecken; sie sind es ferner, die Alt-

und Jung es ermöglichen, ihre sonst müßig liegenden Spargelder selbst in den kleinsten Beträgen sicher und verzinslich anzulegen; sie sind es aber auch, die durch ihre treffliche Organisation dafür Gewähr leisten, daß sogar in Wucherschlingen fast unrettbar Gefangene in den meisten Fällen noch gerettet werden können. Durch ihren großartigen Zusammenschluß in dem General-Anwaltschafts-verbande wird es auch den Vereinen ermöglicht, die unentbehrlichen Wirthschaftsbedürfnisse mit Uebergehung des so oft wucherischen Zwischenhandels, wie schon früher bemerkt, zu den billigsten Preisen und in ausgezeichneter Güte zu beziehen.

Ferner wird durch den von allen wohlgeleiteten Vereinen regelmäßig in die Hand genommenen Ankauf von sogenannten Fristengeldern bei freiwilligen oder Zwangsversteigerungen (Kaufschillingen, Güterzielern, Steigerungsgeldern) nicht nur den Güterschlächtern eine der verderblichsten Handhaben zu wucherischer Ausbeutung einzelner Familien, ja ganzer Gemeinden und Gegenden entwunden, sondern auch den Vereinskassen selbst ein nicht unerheblicher sicherer Gewinn, an dem jedoch kein sittlicher Makel haftet, zugeführt. Was aber als noch weit wichtiger erscheinen muß: es wird durch das rechtzeitige Eingreifen der Darlehnskasse mit Rath und That gar oft dem drohenden gerichtlichen Zwangsverkaufe mit seinen furchtbaren Folgen vorgebeugt.

Sodann wird durch die Vereinigung größerer Kapitalkräfte in den Händen wahrhaft christlich gesinnter, intelligenter für das allgemeine Beste sorgender Männer Gelegenheit geboten, sonst ganz unausführbare wichtige Verbesserungen in Wiesen- und Ackerbau, in der Kultur der Hochmoore, der Waldwirthschaft, der Viehzucht, dem Molkereiwesen, dem Obst-, Wein-, Hopfen-, Tabak-, Arzneipflanzen- und Korbweidenbau durchzuführen. Es wird soviel neuerdings darüber geklagt, daß die deutsche Hochsee- und Küstenfischerei immer mehr zurückgehe, und damit der Stamm geschulter Seeleute zum größten Schaden unserer so mächtig erblühenden Kriegs- und Handelsmarine in bedenklicher Weise sich verringere. Nun wohlan: sollten sich nicht auch in den armen Fischerdörfern der Nord- und Ostsee treue, opferfreudige christliche Männer finden, die auf den Grundlagen unserer Darlehnskassen Hochsee- und Strand-fischerei Genossenschaften bilden und mit den hier mobil gemachten Kapitalien gemeinsam geeignete Boote, Netze u. s. w. für die Fischer beschaffen, damit wir nicht länger für den bei uns immer wachsenden Bedarf an Seefischen größtentheils dem Auslande tributpflichtig bleiben?

Ebenso aber, wie unsere Genossenschaften dem wucherischen Zwischenhandel beim Ankaufe landwirthschaftlicher Bedarfsartikel die Adern unterbinden, so thun sie es auch bereits an vielen Orten durch den selbständig in die Hand genommenen g e m e i n s a m e n V e r k a u f v i e l e r l a n d w i r t h s c h a f t l i c h e r E r z e u g n i s s e. Namentlich die deutschen Militärbehörden bieten bereits in dankens= wertester Weise die Hand zur genossenschaftlichen Lieferung von Hafer, Brodkorn, Heu, Milch, Butter, Fleisch, Kartoffeln u. s. w. Schon gehen z. B. im Elsaß manche ländliche Genossenschaften kräftig daran, für den gemeinsamen vortheilhaften Verkauf ihrer Produkte, unter Einführung des sog. Warrantsystems, eigene Lager= häuser zu bauen.

Ein gar nicht hoch genug anzuschlagender Vorzug dieser Kassen ist es aber auch, daß sie gewissermaßen Z w a n g s s p a r k a s s e n sind, indem sie den Vereinsschuldnern nicht gestatten, das erborgte Kapital als eine drückende, fast untilgbare Schuld auf Kind und Kindeskind zu vererben, sondern sie zwingen, diese Schuld in festen jährlichen Ratenzahlungen nach und nach abzustoßen, damit aber sich selbst und ihre Nachkommen wirthschaftlich wirklich frei zu machen.

Im allgemeinen wollen ja unsere Vereine nicht den R e a l c r e d i t befriedigen, das heißt nicht den öffentlichen Sparkassen, Landescredit= kassen, Pfandbriefinstituten, Landschaften und Ritterschaften, welche gegen erste Hypothek meist größere Summen an den Landwirth auf dessen Grundstücke darleihen, Concurrenz machen, sondern meist nur den P e r s o n a l c r e d i t, d. h. sie wollen gegen persönliche Sicherheit ihren Mitgliedern in der Regel nur zu dem Geld für die laufenden Wirthschaftsbedürfnisse verhelfen, bezüglich dessen der Bauer keine kostspielige Hypothek bestellen will und darf, weil er darauf rechnen kann, die geliehene Summe entweder in kurzer Zeit auf einmal, wozu er freilich nur selten in der Lage ist, oder in einer bestimmten Reihe von Jahren durch Abschlagszahlungen zurückzuerstatten.

Zudem hat der im Laufe der Jahre verhältnißmäßig rasch an= wachsende untheilbare S t i f t u n g s f o n d s statutenmäßig die große und schöne Aufgabe, in seinem ganzen Zinsabwurfe zu gemein=

nützigen Zwecken für die Hebung der leiblichen und sittlichen Wohlfahrt der Mitglieder in ihrer Gesammtheit verwendet zu werden.

So hebt sich in allen Vereinsbezirken, hier schneller, dort langsamer, je nach den Personen, die an der Spitze stehen, und den Schwierigkeiten, die überwunden werden müssen, der Wohlstand der Mitglieder, ja der ganzen betheiligten Gemeinden, die Schulden mindern sich, die Spargelder wachsen*) und mit ihnen die Freudigkeit zur Arbeit und zu sparsamer, verständiger Wirthschaftsführung; die ausgefahrenen Geleise eines veralteten landwirthschaftlichen Betriebes werden verlassen, und allen wirklichen Verbesserungen der Weg geebnet. Darum kann man mit vollem Recht von diesen ländlichen Genossenschaften, so wenig sie selbstverständlich die Wünschelruthe sind, mit deren Hülfe ein Paradies auf die Erde gezaubert werden kann, wenn sie erst als ein dichtmaschiges, lückenloses Netz über die Landbevölkerung ganz Deutschlands sich ausgebreitet haben werden, die freudige Zuversicht hegen, daß sie dazu helfen werden, allmählich in gewissem Sinne auch das **Kapital in christlichem Geiste zu organisiren** und der Landwirthschaft wenigstens einen Theil der ungeheuren Summen zu fruchtbringender Verwerthung wieder zuzuführen, welche Industrie und Handel in den letzten Jahrzehnten in immer steigendem Maße zu ihrem größten Schaden ihr entzogen haben. Man berechnet diese alljährlich der Börse neu zugeführten, großentheils der Landwirthschaft direkt entzogenen Summen auf 800 Millionen Mark!

In der That wird so durch alle diese Veranstaltungen christlicher Nächstenliebe in dem freiwilligen Zusammenwirken der auf dem Lande zumeist bisher gebundenen gewaltigen Kräfte mit der Zeit das erreicht, was jeder unserer Vereine nach seinen Statuten erstrebt, nämlich „**die Verhältnisse seiner Mitglieder in jeder Beziehung zu verbessern.**" Eine wahrhaft unabsehbare Perspective gesegneter Arbeit und reicher Erfolge wird damit eröffnet. Mit Recht findet Uhlhorn das Geheimniß der Lösung der socialen Frage

---

*) Der berühmte Nationalökonom, Professor Schmoller, theilte vor kurzem die hochinteressante und charakteristische Thatsache mit, daß unter allen den Barrikadenhelden der verschiedenen Pariser Revolutionen des 19. Jahrhunderts nicht ein einziger ein Sparkassenbuch auch nur über den kleinsten Betrag besessen habe. Daher erklärt sich auch zur Genüge das eifrige Streben unserer socialdemokratischen Parteiführer, den irregeleiteten Massen das Sparen gänzlich zu verleiden und ihnen „**die verdammte Bedürfnißlosigkeit**" abzugewöhnen.

darin, daß „unsere arbeitende, darbende Bevölkerung in eine wirthschaftliche Lage gebracht werde, in der sie der Almosen nicht mehr bedarf." Und H. von Scheel bezeichnet als die Aufgabe der Zukunft „das Aufsteigen der kleinen Leute zur wirthschaftlichen Selbständigkeit durch Erleichterung der Kapitalbildung." Die Raiffeisenschen Darlehnskassen nun sind es, welche in Wirklichkeit dies hohe Ziel seiner Verwirklichung wenigstens auf dem Lande bereits um ein gewaltiges Stück näher gebracht haben.

Aus all dem Gesagten nun ergibt sich, daß, so rückhaltlos wir den Schulzeschen Vorschußkassen, sofern sie nicht ihre Bestrebungen mit der leidigen Politik verquicken, ihre volle Berechtigung zuerkennen und ihre bei vorsichtiger und tüchtiger Geschäftsführung zum Theil bedeutenden Erfolge für städtische Verhältnisse mit ihrem Gewerbe und Handel nicht bestreiten, auch ihre Cirkel in keiner Weise stören möchten, wir doch ebenso entschieden nach dem alten Worte: „Eines schickt sich nicht für alle" und trotz des geflügelten Wortes von Parisius, einem der Hauptführer des Freisinns und der Schulzeschen Vorschußkassen: „Die Raiffeisenschen Kassen machen uns Concurrenz, die müssen vernichtet werden!" — das Land und die Landwirthschaft und damit auch die wesentlich Ackerbau treibenden kleinen Landstädte als geradezu auf die Hülfe unserer Vereine angewiesen für uns reclamiren müssen. Dem oft gehörten Einwande aber, daß in wohlhabenden Gegenden unsere Kassen überflüssig seien, ist entgegenzuhalten, daß auch da unsere Vereine ein dringendes Bedürfniß sind, weil einmal auch hier es oft viel bedenklicher aussieht, und Noth und Wucher in viel weitere Kreise hinreichen, als man nach dem äußeren Anschein annehmen möchte, sodann, weil bei dem jetzt überall indicirten Uebergange von der Natural- zu der Kapitalwirthschaft nur unsere Kassen vermöge ihrer den ländlichen Verhältnissen angepaßten Einrichtungen das immer steigende Geldbedürfniß in wirklich geeigneter Weise zu befriedigen im Stande sind.

* * *

Haben wir bisher nur in großen Zügen die Krankheit unseres Landvolkes, das Heilmittel dagegen und den allmählich eintretenden Genesungsprozeß schildern können, so sei es zum Schlusse, unter dem Ausdruck herzlichsten Dankes an die General-Anwaltschaft zu Neuwied für die dem Verfasser auf sein Ersuchen aus dem reichen diesbezüglichen Material der Centralstelle gemachten interessanten Mittheilungen und an der Hand eigener Erlebnisse und Beobachtungen demselben gestattet, zum Belege des Gesagten aus hunderten von Beispielen des gesegneten Wirkens unserer Vereine einige wenige herauszugreifen, deren volle Wahrheit hiermit ausdrücklich verbürgt wird.

1. Von dem Darlehnskassen-Verein zu R. wird uns folgende Geschichte berichtet: Ein Bauer Kl., in sonst guten Verhältnissen lebend, war lange Jahre aus gewissen persönlichen Gründen ein erbitterter Gegner der Raiffeisen'schen Kassen. Aber durch langwierige Krankheiten in der Familie, mehrere schlechte Ernten und sonstige Unglücksfälle war er allmählich in mißliche Vermögensverhältnisse gekommen, so daß er ein größeres Kapital aufnehmen mußte. Anstatt jedoch Mitglied des im Orte befindlichen Darlehnskassen-Vereins zu werden und da das nöthige Geld zu erborgen, wendet er sich, um von seiner Verlegenheit ja nichts bekannt werden zu lassen, an den Juden B. R. Bereitwilligst wird ihm das Geld vorgestreckt, wenn auch zu hohem Zinsfuße. Den weiteren Fortgang kann man sich denken. Es ist die alte und doch immer neue jammervolle Geschichte: nach wenigen Jahren liest man in der Zeitung, daß die Besitzung des Kl. im Zwangswege versteigert werden soll. Da macht das unglückliche Opfer des Wuchers einen letzten Versuch, sich zu retten, er wendet sich um Hülfe an den Darlehnskassen-Verein des Ortes. Der Vorstand prüft eingehend die Verhältnisse und beschließt, dem Wucherer seine sichere Beute zu entreißen. In der gerichtlichen Zwangsversteigerung tritt der Verein als Bieter auf und bringt das Anwesen an sich.

Nach Deckung sämmtlicher Schulden bleibt Kl. nicht nur sein Haus, sondern auch so viel an Grundstücken, daß er mit seiner Familie bescheiden davon leben kann. Ohne die Hülfe des Vereins hätte er als Bettler mit Weib und Kind davongehen müssen. Die Dankbarkeit des Kl., aber auch die Wuth des um seinen scheinbar ganz sicheren Gewinn betrogenen Wucherers läßt sich nicht beschreiben.

2. In einer Gemeinde Unterfrankens war vor einiger Zeit einer der meistbegüterten Bauern durch unverschuldete Schicksalsschläge (Hagelschaden u. s. w.) in große Noth gerathen. Er hatte viele Schulden und wurde hart gedrängt, solche zu bezahlen. Ein freihändiger öffentlicher Verkauf des Anwesens in Parzellen miß-

glückte. So blieb dem Mann nichts übrig, als sich an einen der bekannten Geldleute zu wenden. Dieser war denn auch so barm=
herzig, das ganze Besitzthum, bestehend aus schönem, massivem Wohn=
hause, zwei Ställen, Scheune und 80 Morgen guten Ackerlandes, für 38000 Mk. übernehmen zu wollen. So weit war der Handel, auf den Verkäufer bereits ein Handgeld von 300 Mk. erhalten hatte, vorbereitet, als der wackere Geistliche des Ortes (K. in P.) davon erfuhr. An dem zur Aufnahme des notariellen Aktes bestimmten Termin überredete er den Mann und seine Frau, den Verkauf in keinem Falle einzugehen. Die 300 Mk. Handgeld wurden zurück=
gezahlt. Nach warmer Fürsprache des Geistlichen übernahm es der Darlehnskassen-Verein des Ortes, das Besitzthum nochmals parzellen=
weise zum Verkauf auszubieten. Das Resultat war, daß 51000 Mark gelöst wurden, 6 Morgen guten Landes und 2 Morgen Antheil am Gemeinde=Holzrecht übrig blieben. Der Verein übernahm die Einziehung der Fristenkauf=
gelder. Nach Tilgung aller Schulden behielt der Mann noch das oben erwähnte Land mit 6000 Mk. baarem Gelde.

3. Schreiber dieses kann aus eigener Erfahrung folgendes be=
richten: Im Jahre 1884 starb in seiner früheren Gemeinde ein braver, aber durch wucherische Ausbeutung tief verschuldeter Klein=
bauer, Vater zweier Kinder von 14 und 7 Jahren. Da die früher verstorbene Mutter ebenso wie nun der Vater auf dem Todtenbette dem Pfarrer ihre Kinder ans Herz gelegt hatten, übernahm dieser in Gottes Namen die Vormundschaft. Die Schulden erwiesen sich als viel bedeutender, als man erst angenommen hatte. Aber da=
durch, daß das Haus und der größte Theil der Grundstücke durch den Darlehnskassen-Verein des Ortes auf längere Fristen meistbietend verkauft wurden, gelang es nicht nur, sämmtliche Schulden zu bezahlen, sondern für die Kinder noch Aecker und Wiesen im Werthe von 800 Mk. zurückzubehalten und überdies 400 Mk. baar für dieselben auf der Sparkasse anzulegen. Ohne das Eingreifen des Vereins würden ganz zweifellos bei weitem nicht einmal die Schulden gedeckt worden sein.

4. Pfarrer M. aus B. schreibt von der Wirksamkeit seines jungen Vereins: „Auch wir haben schon einige Erfolge aufzuweisen. Zunächst haben wir ein total überschuldetes Gut für 8750 Mk. übernommen, einen Theil desselben zur Erleichterung der Schuldenlast wieder ver=

kauft, und den Rest gaben wir dem Manne zu einem Preise zurück, daß er nun wieder vorwärts kommen kann. Wäre der bereits angesagte Konkurs wirklich ausgebrochen, so hätte der Besitzer mit dem Bettelstabe abziehen müssen. So aber behält er sein Haus und auch etwas Land. Sodann haben wir einen verschuldeten größeren Besitzer vermocht, 32 Acker seines Gutes aus freier Hand zu verkaufen, sind dann durch Cession in seine Forderungen eingetreten und gaben ihm dadurch die Möglichkeit, seinem ältesten Sohne sein Gut ansetzen zu können. Er hat auf diese Weise einen **sehr hohen Preis erzielt und behält doch noch 100 Acker.**"

5. Im Dorfe F. gehörten noch vor 15 Jahren $^9/_{10}$ alles Viehes und aller Häuser und Grundstücke den Juden, die wucherische Ausbeutung der Ortsbewohner hatte eine unglaubliche Höhe erreicht. Zumeist durch die erfolgreiche Thätigkeit des seit 15 Jahren bestehenden Darlehnskassen-Vereins ist es gelungen, den größten Theil des geborgten und des Einstell-Viehes in eigenes zu verwandeln, viele Dorfbewohner zu wirklichen Eigenthümern ihrer Häuser und Grundstücke zu machen; Niemand mehr borgt noch Geld beim Juden; Landwirthschaft und Viehzucht haben sich außerordentlich gehoben; der sonst überall sinkende Werth der Grundstücke ist durchschnittlich um die Hälfte gestiegen; seinen Mitgliedern verschaffte der Verein im Jahre 1889 ohne jeden eigenen Gewinn für über 6000 Mk. Lebensmittel von vorzüglicher Güte, was eine Ersparniß von 1200 Mk. gegenüber den bisher gezahlten Preisen bedeutete; in demselben Jahre hat er 7 armen, aber wackeren Mitgliedern freundliche, gesunde und solide Häuser zu billigstem Preise gebaut mit der Verpflichtung für die Bewohner, innerhalb 16 Jahren Baukapital und Zinsen zu bezahlen. Bei 3 dieser Häuser ist die Kaufsumme bereits ganz, bei 3 zur Hälfte bis zu einem Drittel und nur bei einem einzigen erst zum kleinsten Theile bezahlt. — Von dem Bau gesunder und billiger Arbeiterwohnungen durch den Darlehnskassen-Verein in Gebweiler in Oberelsaß wird gleichfalls berichtet.

6. "In einem großen Kirchspiele Bayerns bestand zwischen den Bewohnern des Mutterortes und der dem Pfarrorte an Größe fast gleichkommenden Filialgemeinde seit undenklichen Zeiten bittere Feindschaft. Die Feindschaft ging so weit, daß die Filialisten, nur um nicht durch das verhaßte Dorf gehen zu müssen, auf einem weiten

Umwege um das Dorf herum zur Kirche des Pfarrortes gingen. Seitdem aber ein Darlehnskassen-Verein für beide Gemeinden ins Leben gerufen worden ist, herrscht Friede und Eintracht. Die Leute sind mit einander wieder in geschäftliche und persönliche Berührung gekommen, es hat eine Annäherung zwischen Arm und Reich stattgefunden, man hat sich durch den Verein gegenseitig genauer kennen und auch schätzen lernen."

7. Herr Renz, Verbandsanwalt für Nassau, berichtete auf dem Vereinstage zu Straßburg von 1888 von einem dem Trunke ergebenen Manne seiner Gemeinde, der durch die thatkräftige und weise Hülfe der ländlichen Darlehnskasse seines Ortes von seinen drückenden Schulden befreit, aus seinem liederlichen Leben herausgerissen und unter der steten wohlwollenden Leitung des Vereinsvorstandes nun ein wackerer, strebsamer, geachteter Mann geworden ist.

8. Pf. W. in O. erzählte auf dem großen Münchener Vereinstag von 1892 in Gegenwart vieler Mitglieder seines Vereins eine mit großem Beifall aufgenommene ergreifende Geschichte aus dem Ries nördlich der Donau von einem Bauern seiner Gemeinde, wie derselbe durch wucherische Ausbeutung um Haus und Hof gebracht, durch das thatkräftige Eingreifen des Darlehnskassen-Vereins seiner Gemeinde wirthschaftlich und sittlich gerettet worden sei. Der Verein habe ihm nämlich, nachdem ersterer ein großes bäuerliches Anwesen in der Zwangsversteigerung erworben hatte, den größten Theil jenes Guts unter günstigen Bedingungen als Eigenthum überlassen und ihn so wieder zum tüchtigen, wohlangesehenen Bauern gemacht.

9. Aus dem Dorfe K. schreibt über die segensreiche Wirksamkeit des von ihm gegründeten Raiffeisenvereins Pfr. D. in einem amtlichen Bericht: „Es sollte kein Geistlicher, dem es die Umstände und Ortsverhältnisse irgendwie gestatten, vor der Gründung und Arbeit eines Darlehnskassen-Vereins zurückschrecken. Der Segen, welcher aus dieser Thätigkeit für den Geistlichen selbst entspringt, lohnt hundertfach die aufgewendete Zeit und Mühe."

10. Auf dem vom Oberpräsidenten und verschiedenen hohen Beamten besuchten Verbandstage der Raiffeisenvereine in Hessen zu Schlüchtern am 6. Juni 1894 berichtet u. A. Verbandsdirektor M. in B. unter dem Motto: „Verba docent, exempla trahunt" über

seinem Verein Folgendes: „Wir haben in B. einen Bruttoumschlag von 512000 Mk. Wie wir's gemacht haben? Ein Schäfer hatte ein klein Werkchen, 10 Acker Land ꝛc., 7000 Mk. Schulden, 700 Mk. rückständige Zinsen. Dem Manne ging es schlechter wie dem ärmsten Tagelöhner, der zur Miethe wohnt. Die Sache wäre längst den „Menschenfreunden" in die Hände gefallen, wenn nicht eine alte Mutter da gewesen wäre, die den Auszug bekam. Das war das Hinderniß: es sollte gewartet werden, bis sie gestorben wäre.

Wir haben ihm sein verschuldetes Gütchen für einen anständigen Preis, für 8500 Mk., abgekauft und rasch Auflassung gemacht. Trotzdem hatten schon gewisse Leute Lunte gerochen und schleunigst Arrest eintragen lassen. Wir haben etwas verkauft, haben 29 Löschungen vorgenommen, Immissionen, Arrest ꝛc., haben 3 Acker Land und das Haus dem Manne zurückgegeben und dem Sohne die Verpflichtung auferlegt, für die alte Großmutter zu sorgen.

Der Mann ist dadurch gerettet, der Alte hat sich empor gemacht und ist fleißiger und nüchterner geworden. Der junge Mann hat sein Werkchen beinahe schuldenfrei. — Durch solche Thaten erreichen wir viel mehr als durch die allerschönsten Vorträge. Innerhalb 4 Wochen hatten wir 50 neue Mitglieder, jetzt 166. Auf diese Weise wird das Gefühl der Zusammengehörigkeit wieder geweckt, und die armen, geringen Leute bekommen das Bewußtsein: es sind Leute im Dorf, die ein Herz für uns haben, die uns helfen wollen und können."

„In demselben Orte B. war ein Bauer in schwere Schulden gekommen. Auf längeres Zureden entschloß er sich, etwa 10 Morgen zu veräußern. Der Zuschlag wurde ihm vorbehalten. Wir wollten die ganze Geschichte vermitteln. Die Sache wurde sehr geheim gemacht, aber derjenige Herr, der den Güterverkauf als seine besondere Domäne ansah, hatte sich hinter den Mann gesteckt und ihm einen unerhörten Preis geboten. Aber er war doch zu spät gekommen. Wir waren früher aufgestanden. Der Verkauf wurde durch uns vermittelt. Der Mann löste 750 Mk. im Durchschnitt für den Acker. Er hatte nach Abzug der Provision einen Reingewinn von 3000 Mk. mehr, als ihm der jüdische Händler geboten."

11. Verbandsdirektor F. in P. erzählte u. a. auf dem Thüringer Verbandstage zu Eisenach vom Herbst 1894 über die erfreuliche

Wirksamkeit des von ihm geleiteten großen Vereins, daß derselbe aus seinen Mitteln 1893 der Kirche einen goldenen Abendmahlskelch, 1894 eine Glocke geschenkt habe.

So ist dem Verfasser auch bekannt, daß der Darlehnskassen-Verein Fr. eine Kinderbewahranstalt für die Gemeinde gegründet hat und wesentlich erhält: beides erfreuliche Beweise dafür, wie segensreich diese Anstalten auch für das Gemeinwohl zu wirken vermögen.

12. Im Dorf G. wohnt ein ländlicher Arbeiter, welcher fleißig, aber wenig ordnungsliebend im Laufe weniger Jahre eine ziemlich bedeutende Schuldenlast auf sich geladen hatte, die aus lauter kleineren Beträgen sich zusammensetzte. Unter anderen schuldete er auch dem Vorsteher des Darlehnskassen-Vereins einen Vorschuß, den derselbe trotz aller Mahnungen nicht zurückerhielt. Auf die Frage, weshalb er sein Versprechen wöchentlicher Abzahlung nicht halte, antwortete der Arbeiter, er schulde Beträge an verschiedene Leute, und wenn er einen bezahle, so habe er sie alle am Halse; deshalb zahle er lieber gar nicht.

Der Vereinsvorsteher W. hielt ihm das Unredliche seines Verfahrens vor und erbot sich, ihm durch den Verein zu helfen, wenn er alle seine Schulden angäbe, ohne einen Pfennig zu verschweigen. Der Mann ging darauf ein, wurde Mitglied, und der Vereinsvorsteher erbot sich zur Bürgschaft für den Betrag von circa 500 M. Als er den Antrag für den Mann im Vorstande vorbrachte, bemerkte eines der Vorstandsmitglieder, er könne seine Zustimmung nicht geben, da ja nach dem Statut auch das sittliche Verhalten der Darlehnsucher hauptsächlich mit in die Wagschale fallen müsse, und da müsse er mittheilen, daß der Betreffende schon seit einiger Zeit in wilder Ehe lebe. Daraufhin beschloß der Vorstand, das Darlehn nur unter der Bedingung zu gewähren, daß der Mann das Verhältniß gesetzlich und kirchlich legitimire. In 3 Wochen war dies geschehen. Der Mann erhielt sein Darlehn und zahlt auf dasselbe bis zur Stunde die ausbedungene wöchentliche Rate pünktlich ab. „Es ist ein ganz anderer Geist in ihn gefahren." — — —

Es sind dies zwar nur wenige kleine, aus und nach dem Leben gezeichnete Einzelbilder, die aber einen berechtigten Rückschluß zulassen auf die in wirthschaftlicher und sittlicher Beziehung so reich gesegnete Wirksamkeit der Darlehnskassen-Vereine im großen für unser gesammtes Volks- und Wirthschaftsleben. Will jemand aber einen tieferen Einblick gewinnen in das ganze große Getriebe unserer Genossenschaften, in ihre musterhafte Geschäftsführung, ihre weitverzweigte Thätigkeit, ihre großartigen Erfolge, will jemand den Geist kennen lernen, der in dem großen Mutterhause der Darlehnskassen-Vereine weht, dem kann nur der dringende Rath ertheilt werden, an Ort und Stelle in **Neuwied-Heddesdorf am Rhein** sich davon zu überzeugen. Es gilt auch hier das Wort: „Komm und siehe es!" Joh. 1, 46.

Darum herbei zum großen Werke, alle ihr wahren Freunde des Landvolks, der Kirche und des Reiches Gottes, herbei vor allen ihr Lehrer und Hirten des Volkes, herbei du christlicher Adel deutscher Nation, ihr ländlichen Gutsbesitzer, Fabrikherren, Pächter und Beamte, die ihr bisher freiwillig oder unfreiwillig müßig gestanden habt am Markte! Hunderte und aber Hunderte eures Standes haben sich schon selbstvergessen und opferfreudig, sei es als berufene Aerzte, sei es als freiwillige Krankenpfleger, eingereiht in den Dienst der Barmherzigkeit am kranken Leibe unseres Landvolkes und haben es nicht zu bereuen gehabt. Möge auch niemand von dieser Liebesarbeit sich zurückschrecken lassen durch den Gedanken, es lege die gewissenhafte Anwendung dieses Heilmittels dem Einzelnen ein allzugroßes Opfer an Zeit und Kraft auf. Aus langjähriger Erfahrung kann vielmehr versichert werden, daß, sind nur erst die Schwierigkeiten der ersten Einführung überwunden, selbst für den Vereinsvorsteher zur Erfüllung seiner Pflichten durchschnittlich eine bis höchstens zwei Stunden wöchentlich vollkommen ausreichen, und daß für die übrigen Beamten, mit selbstverständlicher Ausnahme des Rechners, ein weit geringeres Zeitmaß genügt.

Das Wappen der Holsteiner, dieses dem deutschen Vaterlande nun wiedergewonnenen edlen Bruderstammes, sei uns für unsere Arbeit ein beredtes Sinnbild und eine ernste Mahnung.

Auf diesem Wappen schlingen 2 gewaltige Eichen ihre Aeste und Zweige zu einer dichten Krone unlösbar in einander, und zwischen ihnen liest man die Inschrift: „**Unter einer Krone Dach.**" Auch unsere Vereine sollen allezeit daran gedenken, daß Wurzeln und Krone, Grundsätze und Ziele bei ihnen allen eins sind, und daß unsere große Gemeinschaft ein immer dichteres, immer sicherer schützendes Dach bilden soll, vor allem für die von den Wettern des Unglücks heimgesuchten und bedrohten schwachen Brüder.

Und wenn die zweite Inschrift des Wappens in niederdeutscher Mundart lautet: „Jungens, holt fast!" (Jungen haltet fest!), so sei uns das ein lauter Mahnruf zur rechten, ausdauernden Treue in unserer Liebesarbeit, zum zähen, unerschütterlichen Festhalten an unseren bewährten Grundsätzen im steten Kampfe wider Selbstsucht, Gewinnsucht, Trägheit, Lieblosigkeit, Wucher und Uneinigkeit. Die dritte Devise aber heißt: „Up ewig ungedeelt." Auf ewig un= getheilt, in opferfreudiger Liebe fest verbunden, aller Habsucht des Einzelnen, allem Hader der Parteien für alle Zeiten entrückt sei unsere General=Anwaltschaft, unser Stiftungsfonds, unsere Central= Darlehnskasse, unsere ganze, große Gemeinschaft! Dann wird mit Gottes Hülfe das hohe Ziel, das die Raiffeisenschen ländlichen Ge= nossenschaften sich gesetzt haben, seiner Verwirklichung immer näher kommen: die Schaffung eines einigen, freien, frommen, gesegneten deutschen Bauernstandes.

Für solche, welche sich weiter mit dieser wichtigen Sache befassen wollen, sei darauf hingewiesen, daß die General-Anwaltschaft ländlicher Genossenschaften für Deutschland zu Neuwied auf betreffende Anfragen bereitwillige Auskunft ertheilen wird, und daß von der Firma Raiffeisen u. Cons. auch alle Geschäftsbücher, Formulare, Stempel u. s. w. bezogen werden können. Als einschlägige gute Schriften werden empfohlen:

1. Dr Faßbender, **Anleitung zur Geschäfts- und Buchführung der Spar- und Darlehnskassen-Vereine.** 6. Aufl. geb. 2,50 Mk.
2. Dr. Kraus: **Gründung und Organisation der ländlichen Darlehnskassen-Vereine.** Neuwied 1894. 15 Pfg.
3. Dr Faßbender: **Raiffeisenkalender.** Neuwied 1894. 50 Pfg.
4. Brandt: **System Raiffeisen.** Neuwied 1891. 80 Pfg. (Für Gebildete.)
5. Kolb: **Praktische Winke und Rathschläge zur Gründung Raiffeisenscher Darlehnskassen-Vereine** u. s. w. Würzburg 1881. (Für ländliche Kreise)
6. **Der Wucher auf dem Lande.** Berichte und Gutachten des Vereins für Socialpolitik.
7. Dr H. Thiel: **Zur Genossenschaftsbewegung.** 10 Pfg.
8. Dr. jur. Frhr. Dael v. Köth-Wanscheid: **Sind die Darlehnskassen nach Raiffeisenschem System besser wie die anderen?** 10 Pfg.